Daniela Sixt

Kirche - Kinder - Küche und Karriere
Mittendrin im Alltag

25 Themen für Frauen- und Elternarbeit

BORN-VERLAG

Die Autorin

Daniela Sixt, Jahrgang 1967, ist verheiratet und hat drei Kinder. Sie arbeitet als Krankenschwester und engagiert sich ehrenamtlich im CVJM und in der evangelischen Landeskirche Württemberg.

Am Manuskript haben mitgearbeitet: Silke Buck, Nóra Gémes, Konstanze Örthle, Hanna Spengler, Almuth Wahl, Martina Wörner.
Ihnen gilt der herzliche Dank der Autorin.

Impressum

Lektorat: Christa Wachsmuth, Schauenburg-Martinhagen
Umschlaggestaltung: Diviice Advertising GmbH, Gießen
Satz: **BORN**-VERLAG / Claudia Siebert, Kassel
Druck, Gesamtherstellung: AALEXX Buchproduktion GmbH, Großburgwedel

Gedruckt auf FSC-zertifiziertes Papier.

ISBN 978-3-87092-471-3
Bestellnr. 182.471

Unser Verlagsprogramm mit Medien für Mitarbeiter im Internet unter **www.bornverlag.de**.

Kooperationspartner:

Oncken Verlag, Kassel
ISBN 978-3-87939-403-6
Unser Verlagsprogramm unter www.oncken.de

Vorwort

Frauenarbeit - ein alter Hut?

Nein, ganz gewiss nicht. Denn Frauen brauchen Begegnung. Sie organisieren sich gern in Netzwerken, brauchen die kleine Gruppe, suchen Gespräche und das Erlebnis von Intimität und Spiritualität. Die meisten Frauen scheuen sich auch nicht vor komplexen Erfahrungen wie Spiel oder Tanz.

Frauen beziehen ihren Wert aus den Beziehungen, in denen sie stehen. Während Männer ihren Wert eher von beruflichem Erfolg, Karriere und Kompetenz ableiten, brauchen Frauen Kontakte, um sich wertvoll zu fühlen. Sie brauchen die Möglichkeit, im Gespräch mit anderen Antworten zu finden auf die Fragen des Lebens. Das Wertgefühl einer Frau hängt stark davon ab, solche Erfahrungsräume zu haben.

Auf diese Bedürfnisse antworten Frauenkreise oder lose organisierte offene Formen der Frauenarbeit.
Frauen leben heute allerdings in vielfältigeren Lebensformen als früher, darum sind auch die Themen und die Stile, mit denen Frauen sich auseinandersetzen müssen, komplexer und vielschichtiger geworden.
Früher hatten wir in unseren Gemeinden hauptsächlich Frauenkreise, die sich regelmäßig wöchentlich oder zweiwöchentlich trafen. Meist waren sie altersmäßig spezifiziert. Es kam durchaus vor, dass es in einer Gemeinde drei verschiedene Frauenkreise gab: für Jüngere, Frauen mittleren Alters und ältere Frauen. Diese Kreise wurden zu Orten der Lebensberatung. Durch regelmäßige Begegnungen erlebten die Frauen miteinander die verschiedenen Lebensphasen und wurden so miteinander alt, halfen sich in konkreten Fragen oder durch praktische Unterstützung.
Solche Kreise gibt es heute immer weniger. Viele empfinden diese Formen als nicht mehr zeitgemäß, weil sie den Lebenswelten und Lebenswirklichkeiten der Frauen nicht mehr gerecht werden.
Im Zuge der sich ständig verändernden Gesellschaft, die immer mehr Flexibilität von uns verlangt, wurden auch die Formen der Frauenarbeit flexibler und vielschichtiger: Frauenfrühstücke, Frauenverwöhnabende, offene Frauentreffs entstanden und erfreuen sich weiterhin großer Beliebtheit. Denn das Bedürfnis nach Begegnung und Austausch ist bei den Frauen weiterhin ungebrochen.

Frauen wünschen sich bei solchen Begegnungen auch Antworten und Richtungsweisungen, Hilfestellungen und neue Horizonte.

Frauen, die verantwortlich in der Frauenarbeit tätig sind, stehen darum immer wieder vor der Herausforderung, angemessene Formen der Darstellung und Aufarbeitung von Frauenthemen zu leisten.
Dabei machen viele Mitarbeitende die Erfahrung, dass jedes Thema, das sie vorbereiten, auch Auswirkungen auf sie persönlich, auf ihr eigenes Leben, ihre Einstellungen, ihr Denken und ihren Glauben hat. Alles, was wir für uns selbst durchdacht haben, bereichert unsere ganz persönliche Lebensgestaltung und verändert unseren Umgang mit Problemen und Konfliktfeldern.

Auf diese Bedürfnisse antwortet das Buch von Daniela Sixt. Die Themen sind breit gefächert und auch die Aufarbeitung der Themen lässt nichts zu wünschen übrig: Anspiele, Gebete, Anekdoten, Bibelstellen, Gruppenarbeiten und Kurzreferate wurden zu jedem Thema zusammengestellt. Darauf können Verantwortliche zurückgreifen und zu den jeweiligen Themen hilfreiche kurzweilige und zugleich in den Kern des Themas führende Veranstaltungen ausarbeiten.
Man spürt den Entwürfen ab, dass sie praxiserprobt und bewährt sind.

Frauenarbeit macht Spaß. Das leuchtet durch all die vorliegenden Artikel dieses Buches hindurch. Möge es vielen Mitarbeiterinnen eine gute Hilfestellung und allen, die die Themenabende erleben werden, eine konkrete Lebenshilfe sein.

Cornelia Mack

Cornelia Mack ist Diplomsozialpädagogin, verheiratet, Mutter von vier erwachsenen Kindern, tätig als Autorin und Referentin in der Frauenarbeit, Erwachsenenbildung und Seelsorge.

Inhalt: Themen für Frauen

Inhalt: Themen für Frauen, aber auch Eltern

1 | Alles nur Theater?

vom Schein zum Sein

1. Samuel 16,7
Lass dich von seinem Aussehen und von seiner Größe nicht beeindrucken. Er ist es nicht. Denn ich urteile nach anderen Maßstäben als die Menschen. Für die Menschen ist wichtig, was sie mit den Augen wahrnehmen können; ich dagegen schaue jedem Menschen ins Herz.

Ablauf
1. Lied: Theater (ca. 4 Minuten)
2. Einführung (ca. 2-3 Minuten)
3. Kleingruppen (ca. 10-15 Minuten)
4. Collage (ca. 15 Minuten)
5. Plenum: Anton aus Tirol (ca. 20-25 Minuten)
6. Impuls (ca. 5 Minuten)
7. Abschluss

1. Lied

Das Lied „Theater, Theater“ von Katja Epstein als Einstimmung anhören oder, falls nicht vorhanden, vorlesen. Den Text kann man zum Beispiel unter www.i-songtexte.com herunterladen.

2. Einführung

„Eigentlich bin ich ganz anders, aber ich komme so selten dazu.“ Dieser bekannte Ausspruch bringt die Zerrissenheit zwischen meinem Schein und dem tatsächlichen Sein zum Ausdruck. Ich bin zerrissen zwischen dem Leben, wie ich bin, und dem, wie ich sein soll. Es bedeutet, dass meine Innen- und meine Außenseite nicht identisch sind.
Nach außen möchte ich ein möglichst gutes Bild abgeben und setze gern das „Sonntagsgesicht“ auf: Ich reagiere freundlich, obwohl ich innerlich koche, simuliere die Nette, Verständnisvolle, obwohl ich mich abgelehnt und verletzt fühle. Ich wage es nicht, meine Meinung kundzutun und zu meinen Überzeugungen zu stehen. Dies alles aus Angst, von Mitmenschen abgelehnt zu werden. Dazugehören, angesehen, beliebt, in sein heißen die Antreiber, die uns dazu verführen, das wahre Ich hinter Masken zu verstecken.
Doch andererseits stecken in uns Menschen die Sehnsucht nach Echtheit und

der Wunsch nach Harmonie. Das ist aber nur möglich, wenn mein Inneres und Äußeres übereinstimmen und ich eine eigene Identität besitze.

3. Kleingruppen

Die Teilnehmerinnen werden in Vierergruppen eingeteilt. In den Kleingruppen sollen sie zur Einstimmung auf das Thema kurz miteinander ins Gespräch kommen. Der Text des Liedes „Theater, Theater“ von Katja Epstein kann die Grundlage dafür sein.

Fragen für das Gespräch

In welchen Situationen spielen bzw. schlüpfen Menschen in Rollen?
Warum tun sie das?
Was ist ihre Motivation?

Eventuell kann jede Teilnehmerin für sich den folgenden Minitest machen (als Arbeitsblatt verteilen), um die eigenen Masken besser zu entlarven. Es sollte keine gemeinsame Auswertung erfolgen.

In folgenden Lebensbereichen fällt mir „Echtsein“ schwer

	nie	selten	manchmal	häufig	immer
Beruf/ Schule					
Partner-schaft					
Familie					
Gemeinde					
Gott/Jesus					
Freizeit					
Freunde					
Ich					

4. Collage

Je Vierergruppe wird eine Collage erstellt.

Frauen übernehmen bewusst oder unbewusst, freiwillig und manchmal auch unfreiwillig viele Rollen. Mit Hilfe der Zeitschriften soll eine Collage zusammengestellt werden, die Frauen in verschiedenen Rollen darstellt. Dazu soll eine passende Überschrift gefunden werden.

Material

- je Gruppe ein großer Fotokarton
- Kataloge und verschiedene Zeitschriften
- Scheren
- Klebstoff
- dicke Filzstifte

5. Plenum: Anton aus Tirol

Plenum am Tisch oder im Stuhlkreis

Material

- 1 sehr großer Luftballon sowie 8 normal große Luftballons
- je Teilnehmerin ein DIN-A5-Blatt mit dem Bibelvers aus 1. Samuel 16,7 und den Fragen für das Gespräch (siehe unten); diese Zettel zusammenrollen und in den noch nicht aufgeblasenen großen Luftballon stecken, dem Luftballon ein Gesicht aufmalen und mit Wolle Haare ankleben. Wichtig ist, dass diese Zettel die gleiche Farbe haben.
- in jeden der 8 normal großen Luftballons einen Zettel mit Ursache für Maskentragen stecken. Wichtig ist, dass diese Zettel verschiedene Farben haben.
- Lied von DJ Ötzi „Anton aus Tirol"

Durchführung

1. Das Lied vorspielen und dazu den „Anton-Luftballon" tanzen lassen.
2. Am Ende des Liedes die kleinen Luftballons mit einer Nadel platzen lassen. Dabei kommen die verschiedenfarbigen Zettel zum Vorschein.
3. Auf jedem Zettel steht eine Ursache, weshalb Menschen Masken tragen (siehe unten).
4. Die Ursachen werden von verschiedenen Teilnehmerinnen vorgelesen.
5. Was könnte helfen, Masken abzulegen? Der „Anton-Luftballon" wird platzen gelassen. In ihm stecken einige gleiche Zettel mit dem Bibelvers aus 1. Samuel 16,7 und Fragen für das Gespräch. Dazu werden Kleingruppen zu je vier bis sechs Frauen gebildet.

Bibeltext und Fragen für das Gespräch

Lass dich von seinem Aussehen und von seiner Größe nicht beeindrucken. Er ist es nicht. Denn ich urteile nach anderen Maßstäben als die Menschen. Für die Menschen ist wichtig, was sie mit den Augen wahrnehmen können; ich dagegen schaue jedem Menschen ins Herz (1. Samuel 16,7).

Was sagt der Bibelvers aus?
Nach welchen Maßstäben urteilen Menschen und nach welchem Gott?
Macht diese Aussage eher Angst oder hilft sie dabei, Masken fallen zu lassen?

Warum Menschen Masken tragen

Ursachen für das Tragen von Masken für die normal großen Luftballons.

Menschen tragen Masken, weil sie Angst vor Ablehnung haben.
Menschen tragen Masken, weil sie Angst davor haben verletzt zu werden.
Menschen tragen Masken, weil sie Angst vor dem Versagen haben.
Menschen tragen Masken, weil sie sich nach Anerkennung sehnen.
Menschen tragen Masken, weil sie Angst davor haben andere zu enttäuschen.
Menschen tragen Masken, weil sie Angst vor Verantwortung haben.
Menschen tragen Masken, weil sie nicht ihre schwachen Seiten zeigen wollen.
Menschen tragen Masken, weil sie abhängig vom Urteil anderer sind.

6. Impuls

Menschen lassen sich gern von Äußerlichkeiten blenden und von ihren Augen leiten. Wir nehmen andere mit den Sinnesorganen wahr und machen uns so ein Bild von ihnen. Dabei schließen wir sehr schnell auch auf ihr Wesen, ihre Prägungen und Einstellungen. Ob die Eindrücke dann aber der Realität entsprechen und sie identisch sind mit der wahren Persönlichkeit, merken wir erst beim näheren Kontakt.

Echt, ehrlich und identisch zu sein ist für viele Menschen eine Herausforderung. Mit dem Tragen von Masken versuchen sie ihre Defizite zu kaschieren, wunde Punkte zu schützen und Unsicherheiten zu verstecken. Dabei wollen sie immer ein möglichst gutes Bild beim anderen hinterlassen, sodass der Schein mehr ist als das Sein.
Auch wir stehen in dieser Gefahr. Doch Paulus schreibt in Römer 12,2: Passt euch nicht dieser Welt an, sondern ändert euch, indem ihr euch von Gott völlig neu ausrichten lasst. Nur dann könnt ihr beurteilen, was Gottes Wille ist, was gut und vollkommen ist und was ihm gefällt.

Der Maßstab soll also nicht sein „Was denken andere Menschen von mir? Wie muss ich sein, damit andere mich lieben?“ Der gute Maßstab ist „Was denkt Gott über mich?“
Er nimmt uns an, wie wir sind, bedingungslos. Er lässt sich nicht durch Äußerlichkeiten blenden. Er sieht uns ins Herz (1. Samuel 16,7). Er kennt jeden durch und durch. Er weiß um unsere geheimsten Gedanken, Sehnsüchte, Fehler und um die tiefsten Herzensabgründe. Einfach um alles. Auch um das, was wir am liebsten vor anderen verbergen. Gott dreht sich nicht angeekelt und enttäuscht von uns ab, sondern wendet sich uns zu und wirbt um unsere Liebe.

Durch Gottes Annahme können wir ein echtes „Ja“ zu unseren Schwächen und Stärken finden. Wenn wir Gott in unser Leben eingreifen lassen, dann ist Veränderung möglich: der Wechsel von einem Maskenträger zum identischen Menschen, von einer Kopie zum Original.
Deshalb brauchen wir keine Masken, Verstellen ist nicht mehr nötig.

Unser Lebensmotto beruht auf dieser Grundvoraussetzung: Ich bin von Gott, durch Jesus Christus, angenommen. Das gibt mir die Kraft echt zu sein und die Masken fallen zu lassen. Ich darf mit Gottes Echtheitszertifikat mitten in der Welt als identische Persönlichkeit leben und mich von ihm, wo nötig, verändern lassen.

7. Abschluss

Jede Frau bekommt einen Luftballon sowie den Bibelvers aus 1. Samuel 16,7, der auf den Ballon geklebt wird.

Material

- Luftballons
- Bibelverse
- Klebestifte

2| Das verzeih ich dir nie!

Vergelten, Vergessen, Vergeben

Epheser 4,32
Seid vielmehr freundlich und barmherzig, und vergebt einander, so wie Gott euch durch Jesus Christus vergeben hat.

Ablauf
1. Einführung (ca. 2-3 Minuten)
2. Spiel Begriffzuordnung (ca. 5-10 Minuten)
3. Kleingruppen (ca. 15-30 Minuten)
4. Plenum (ca. 10 Minuten)
5. Kreative Entschuldigung (ca. 20 Minuten)
6. Geistlicher Impuls (ca. 10-15 Minuten je nach Gesprächsbeteiligung)

1. Einführung

Menschen werden aneinander schuldig. Kein Mensch, der ohne Blessuren durchs Leben kommt. Verwundet wurden oder werden wir oft von den Menschen, die uns am nächsten stehen. Man kann sogar sagen: je enger die Beziehung ist/war, desto schmerzhafter die Verletzung. Je mehr wir uns öffnen, umso empfindlicher kann es uns treffen.
Aufgrund solcher Erfahrungen besteht die Gefahr, ungute Methoden zu entwickeln, um Verletzungen vorzubeugen. Aus Angst vor Verletzung schottet man sich ab und lässt Nähe nicht mehr zu. Gleichzeitig trägt man die Schuld des anderen, unter der man leidet, weiter mit sich herum und belastet den anderen und sich selbst damit. Das wirkt sich letztlich schlecht auf unsere Beziehungen, unsere Lebenseinstellung und sogar auf die Gesundheit aus.
Viele Redewendungen, die diesem Aspekt zugrunde liegen, sind uns bekannt, z.B. „Es hat mir einen Stich versetzt“, „Das ist mir auf den Magen geschlagen“, „Er hat mir das Herz gebrochen“, „Es ist mir an die Nieren gegangen“.
Vergebung befreit den anderen und uns selbst.

Es ist wichtig, sich mit diesem zentralen Thema zu befassen, um neue Anstöße zur Vergebung zu bekommen. Nicht zuletzt deshalb, weil auch wir oft - vielleicht ohne böse Absicht - an anderen Menschen schuldig geworden sind.

2. Begriffzuordnungsspiel

Auf einer Flipchart, Pinnwand oder einem Leinentuch, das an der Wand befestigt wird, werden die drei Oberbegriffe „Vergelten", „Vergessen" und „Vergeben" befestigt. Auf einem danebenstehenden Tisch liegen verschiedene Karten/ Notizzettel mit Synonymen (sinnverwandte Wörter, die meist eine ähnliche Bedeutung haben) zu den Oberbegriffen aus. Sie sollen den Oberbegriffen zugeordnet und dazu in der entsprechenden Spalte befestigt werden.

Oberbegriffe
Vergelten, Vergessen, Vergeben

Synonyme

verzeihen	**entschlüpfen**
befreien	**entschwinden**
entschuldigen	**verlernen**
exkulpieren	**nicht behalten**
freisprechen	**sich nicht entsinnen**
nachgeben	**sich nicht erinnern**
absolvieren	**aus dem Gedächtnis verlieren**
amnestieren	**aus den Augen verlieren**
begnadigen	**einen „Filmriss" haben**
lossprechen	**keine Erinnerung haben an**
nicht nachtragen	**abrechnen mit**
nicht übel nehmen	**quittieren**
Nachsicht zeigen	**sich rächen**
Verzeihung gewähren	**ahnden**
nicht mehr wissen	**bestrafen**
entfallen	**strafen**

„exkulpieren": vermutetes Verschulden widerlegen
„amnestieren": begnadigen, Strafe erlassen
„absolvieren": beschließen, beenden
„quittieren": zur Kenntnis nehmen
„ahnden": bestrafen

3. Kleingruppen

In drei Ecken des Raumes besteht die Möglichkeit, sich mit je einem Aspekt des Themas zu beschäftigen. Es geht um bekannte Verhaltensmuster, wie Menschen mit Verletzungen bzw. erfahrener Schuld umgehen, wenn sie keine Vergebung erfahren.

Dazu werden drei kleine Stuhlkreise benötigt, in deren Mitte passende Materialien liegen, um die Begriffe bildlich darzustellen. Außerdem erhalten die Gruppen jeweils ein Blatt als Gesprächsleitfaden (siehe Vorlagen unten).

Die Teilnehmerinnen werden aufgefordert, sich auf die drei Bereiche zu verteilen, ohne ihnen vorher zu sagen, mit welchen Verhaltensweisen sich welche Gruppe beschäftigen wird. (Im anschließenden Plenum wird die jeweilige Definition pantomimisch dargestellt und von den anderen Gruppen erraten. Deshalb ist es wichtig, dass die Gruppen ihre Begriffe nicht öffentlich machen.)

Gruppe 1: Nachtragen - Material: ein Mauerstein o. Ä.
Gruppe 2: Vorwerfen - Material: großer Müllsack, gefüllt mit leichten Materialien (z.B. leere Milchtüten)
Gruppe 3: Unter den Teppich kehren - Material: Legosteine oder andere kleine Gegenstände, Teppichläufer, Handfeger

---

Gesprächsleitfaden zum Begriff „Nachtragen“
1. Den Begriff bildlich darstellen (soll im Plenum von anderen erraten werden)
2. Wie wirkt sich dieses Verhalten auf andere aus?
3. Wie könnte man es anders machen?

Gesprächsleitfaden zum Begriff „Vorwerfen“
1. Den Begriff bildlich darstellen (soll im Plenum von anderen erraten werden)
2. Wie wirkt sich dieses Verhalten auf andere aus?
3. Wie könnte man es anders machen?

Gesprächsleitfaden zum Begriff „Unter den Teppich kehren“
1. Den Begriff bildlich darstellen (soll im Plenum von anderen erraten werden)
2. Wie wirkt sich dieses Verhalten auf andere aus?
3. Wie könnte man es anders machen?

---

4. Plenum
Jede Gruppe stellt ihren Begriff pantomimisch dar, die anderen Gruppen dürfen raten. Jede Gruppe erzählt anschließend kurz, was ihr zu ihrem Begriff wichtig geworden ist.

5. Kreative Entschuldigung

Bisher wurde das Thema Vergebung vom Blickwinkel des Geschädigten betrachtet. Jedoch werden auch wir immer wieder an anderen schuldig. Oft ist es schwer, dann auf den Mitmenschen zuzugehen und sich zu entschuldigen. Für diesen Zweck soll nun eine kleine Hilfe als Türöffner gebastelt werden.

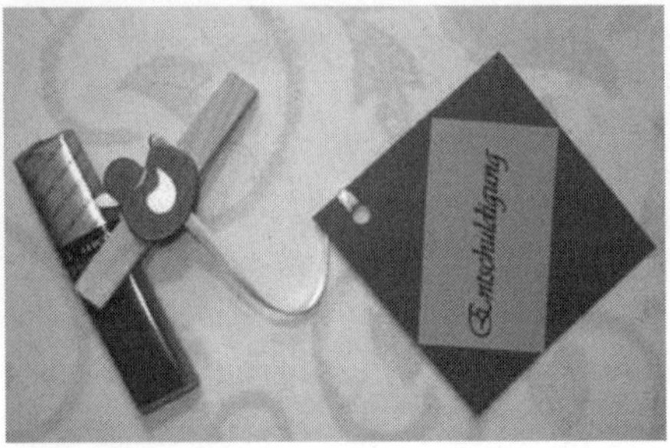

Material

- Holzwäscheklammer
- schmales Satinband
- Holzstanzteile (Vögelchen, Herz, Blume ...)
- Fotokarton und dazu farblich passendes Kopierpapier
- Schokobonbons
- Klebstoff
- Heißklebepistole

Bastelanleitung

Es wird empfohlen, fertig bedrucktes und zurechtgeschnittenes Kopierpapier mit der Aufschrift *Entschuldigung* sowie dazu farblich passenden, etwas größer zurechtgeschnittenen Fotokarton vorzubereiten.
Kopierpapier und Fotokarton werden zusammengeklebt und mit einem Loch versehen.
Zwischen dem Holzstanzteil und der Wäscheklammer das Satinband mit Heißkleber befestigen und mit einer Schleife an dem Kärtchen festmachen.
Zum Schluss ein Schokobonbon in die Wäscheklammer klemmen.
Fertig ist der kleine „Türöffner", um sich zu entschuldigen.

6. Geistlicher Impuls

Material

- Geldkassette mit der Aufschrift „Kassensturz"
- Geldkassette präparieren:
    - auf dem Boden der Kassette gelbes Papier mit der Aufschrift „Da hatte der Herr Erbarmen"
    - darüber einen leichten gelben Stoff legen
    - Schuldbriefe auf Stoff in die Kassette legen (Texte für die Schuldbriefe siehe unten)
    - Bibeltext Matthäus 18,21-35 mit Tesafilm in den Deckel der Kassette kleben

Vorlagen für die Schuldbriefe

-- -----

Schuldbrief meines Vaters

Du bist schuld, dass ich ein schlechtes Selbstwertgefühl habe.
Immer hast du nur an mir herumgenörgelt, ich konnte dir nie etwas recht machen.
Loben war für dich ein Fremdwort.
Oft hatte ich das Gefühl, dass ich nicht deinen Vorstellungen entsprach.
Ich war nicht fleißig genug, nicht sportlich genug, nicht intelligent genug.
Ich war einfach nicht der Vorzeigesohn, den du dir so sehr gewünscht hattest.
Deshalb fühle ich mich noch heute als Nobody, der es mit niemandem aufnehmen kann und den keiner wirklich liebt

Dein verletzter Sohn

-- -----

Schuldbrief Schönheitswahn

Der Schönheitswahn unserer Zeit ist schuld, dass es mir so schlecht geht.
Warum leben wir nicht mehr wie vor 200 Jahren, als wohlgenährt erstrebenswert war?
Heute sind wir umgeben von magersüchtigen Topmodels, die mich aus allen Zeitungen und Litfasssäulen schadenfroh angrinsen und mir stumm zurufen: „Schau dich mal an, so kann man doch nicht rumlaufen!“
Ihr seid schuld, dass ich abends vor dem Fernseher resigniert eine Chipstüte nach der anderen in mich hineinstopfe.
Ihr seid schuld, dass ich keinen Partner finde und mein Leben so eintönig verläuft!

Eine enttäuschte Vollschlanke

-- -----

Schuldbrief meines Chefs

Sie, mein lieber Chef, sind schuld, dass ich heute eine kleine Nummer im Betrieb bin.
Sie erklärten mir schon damals, als ich in die Lehre kam, dass aus mir einmal nichts werden würde: „Für alles zu dumm und faul noch dazu", das waren Ihre Worte.
Kein Wunder, dass ich bis heute keinen Ehrgeiz entwickeln konnte, dass aus mir nie was Großes geworden ist.
Sie sind doch der Boss gewesen und hätten wissen müssen, wie man seine Auszubildenden motiviert.
Ich hätte bestimmt das Zeug dazu gehabt, richtig Karriere zu machen, wenn Sie mich anders gefördert hätten.

Ein lustloser Lohnarbeiter

Durchführung

Geschlossene Geldkassette mit der Aufschrift „Kassensturz" in die Mitte legen.
Kassensturz - was löst dieses Wort bei uns Menschen aus?
Zum einen vielleicht Wut und Verletzungen, zum anderen auch Schuldgefühle. Wir kennen beides, dass Menschen uns verletzt haben, aber auch dass wir an anderen schuldig geworden sind. Kassensturz bedeutet, sich diese Altlasten einmal näher zu betrachten. Es gibt in unserem Leben einige offene Rechnungen: Dinge, die Menschen uns schuldig geblieben sind; Situationen, Umstände, Worte und Taten, die tiefe Wunden geschlagen haben; Schuldbriefe, die wir im Herzen deponieren und bei Bedarf vorzeigen.
Was könnten Altlasten im Leben sein?

Geldkassette öffnen, die Schuldbriefe von Teilnehmern vorlesen lassen.
Beim Nachdenken würde jeder noch weitere individuelle Bilanzen ziehen können. Geschichten, die beschweren und belasten. Doch wir können uns von der Schwere einer Last erst erholen, wenn wir sie ablegen und loslassen. Wir müssen sie vergeben, das heißt hergeben. Tun wir das nicht und tragen das Unrecht nach, belasten wir uns mit der Schuld des anderen. Auch das Vorwerfen und Unter-den-Teppich-Kehren räumt Schuld nicht aus, sondern wird zur Mauer und Stolperfalle im menschlichen Miteinander.
Wie sieht nun Vergebung praktisch aus? Schon zu biblischen Zeiten hat diese

Frage die Menschen bewegt. Petrus, dem offensichtlich auch Unrecht angetan wurde, stellte Jesus die Frage, wie oft man eigentlich vergeben sollte. Vermutlich mit dem Hintergedanken, dass der Vergebung auch mal genug sein müsse und Vergeltung erlaubt wird. Doch Jesus antwortet mit einem Gleichnis.

Gleichnisgeschichte aus Matthäus 18,21-35 aus dem Deckel der Geldkassette lösen und vorlesen.
Wer nicht bereit ist zu vergeben, belastet sich nicht nur selbst, sondern verstrickt sich in Vergeltungsfantasien und Vermeidungsstrategien. Wir werden zum Gefangenen unseres Einfordern-Müssens. Durch das Festhalten des Geschehenen werden wir unfrei und handlungsunfähig. Wir manövrieren uns selbst in ein Gefängnis. Wir Menschen sind dann wie dieser unbarmherzige Knecht. Er sah nur die Schuld des anderen und war für seine eigene blind. Wie aber ist Gott?

Das gelbe Stofftuch wird aufgedeckt, sodass das Blatt mit der Aufschrift „Da hatte der Herr Erbarmen“ sichtbar wird. Die Teilnehmerinnen werden aufgefordert, in die Kassette zu schauen. Eine liest die Aufschrift vor.
So ist Gott! Bei ihm können wir schulden- und lastenfrei werden. Bei ihm wird unsere ganze Schuld erlassen. Nicht, dass wir keine Schulden gemacht hätten. Im Gegenteil, unsere Schuld ist so groß, dass wir sie nie bezahlen könnten. Den Schuldschein gegen uns gibt es. Doch in Gottes Wort steht, dass Jesus Christus für uns bezahlt hat und somit die Schuld getilgt ist: Gott hat den Schuldschein, der uns mit seinen Forderungen so schwer belastete, eingelöst und auf ewig vernichtet, indem er ihn ans Kreuz nagelte (Kolosser 2,14).
Hier dürfen wir Vergebung annehmen, um dann auch anderen vergeben zu können. So wie Gott unsere Fehler vergibt, sollten wir das Versagen anderer nicht nachtragen, sondern Gott abgeben. Er möchte nicht nur unsere Schuld, sondern auch unser Gepäck abnehmen. So ist Leben in Freiheit möglich.

„Da hatte der Herr Erbarmen“ - das gilt für mich und für jeden Menschen.

Segen
Gott, der über Raum und Zeit regiert, spricht zu dir: „Ich habe Erbarmen, ich bin es, der dich schuldenfrei macht. In meiner Treue und Geduld möchte ich dir heraushelfen aus deinem Nachtragen, in das du dich verfangen hast. Ich will dir die Lasten abnehmen, die dir dein Leben unnötig schwer machen. Ich liebe es barmherzig zu sein, ich habe Erbarmen mit dir, jeden Tag neu!

3| Die Macht der Gedanken

Sprüche 4,23
Was ich dir jetzt rate, ist wichtiger als alles andere: Achte auf deine Gedanken und Gefühle, denn sie beeinflussen dein ganzes Leben!

Ablauf
1. Einführung (ca. 2 Minuten)
2. Spiel (Zuordnungsspiel Redensarten) (ca. 10 Minuten)
3. Lied: Die Gedanken sind frei (ca. 10 Minuten)
4. Impuls (ca. 5 Minuten)
5. Kleingruppen (ca. 30 Minuten)
6. Plenum (ca. 15 Minuten)
7. Gedicht

1. Einführung

Die Macht der Gedanken
„Der Vater aller Dinge ist der Gedanke!" Viele kennen diesen Satz, aber kaum einer weiß um die wahre Bedeutung, geschweige denn um die gewaltige Tragweite dieser Aussage.
Gedanken bzw. Ideen sind der Ursprung von unserem Tun! Mit ihnen nimmt alles seinen Anfang. Kein Ding existiert, ohne dass es zuvor ein Gedanke war. Gedanken geben Orientierung oder Zerstörung. Sie leiten und motivieren oder wirken zerstörerisch. Die Denkweise bestimmt die Lebensweise. Dabei gilt: Was rein kommt, kommt auch raus! Bilder, Informationen und Eindrücke, denen wir uns aussetzen, wirken sich auf die Gedankenwelt und somit das Leben aus. Matthäus 12,24: Wovon das Herz erfüllt ist, das spricht der Mund aus! Unser Denken prägt die Persönlichkeit. Deshalb ist es wichtig, sich den Zusammenhang zwischen Denken, Reden und Handeln bewusst zu machen. „Gedanken haben zwar Flügel", wie der Volksmund sagt, doch wir können beeinflussen, in welche Richtung sie fliegen.

2. Spiel

Gespielt wird in Vierergruppen. Jede Gruppe bekommt 32 Kärtchen: 16 Begriffe zum Thema „Gedanken" und 16 passende Begriffsdefinitionen (siehe nächste Seite). Innerhalb eines festgesetzten Zeitraums (ca. 5 Minuten) sollen die Gruppen die Kärtchen einander zuordnen.

Die Mäuse husten hören	spitzfindig sein; immer über alle Neuigkeiten Bescheid wissen; frühzeitig informiert sein; sich vorzeitig über ein Problem Gedanken machen; sensibel/vorsichtig/ängstlich sein; Dinge hören/spüren, die gar nicht da sind
Jemandem einen Floh ins Ohr setzen	jemanden auf einen Gedanken bringen, von dem er nicht mehr loskommt; jemanden auf eine fixe Idee bringen, an die er immerzu denken muss; jemanden eine gewagte Sache ins Ohr setzen, auf die er allein nicht gekommen wäre; bei jemandem einen unerfüllbaren Wunsch wecken
Das Gras wachsen hören	geheime Dinge ahnen/kennen; sich vorzeitig über ein Problem Gedanken machen; eine Entwicklung frühzeitig erkennen; sehr sensibel/vorsichtig/ängstlich sein
Motten im Kopf haben	merkwürdige Gedanken haben
Jemandem nicht ins Herz schauen können	jemandes Gedanken nicht kennen
Spintisieren	grübeln; seinen Gedanken nachhängen
Verpeilt sein	durcheinander, vergesslich, unaufmerksam sein; in Gedanken sein
Etwas ins Spiel bringen	einen Gedanken beisteuern
Sich seinen Teil denken	sich eigene Gedanken machen, ohne sie auszusprechen
Auf etwas kommen	Durch Nachdenken einen Gedanken haben; etwas erraten

Um die Ecke denken	(unnötig) kompliziert denken; in die Tiefe gehen; ungewöhnliche/kreative Gedanken zu einem Thema haben
Versaut sein	schmutzige Gedanken haben
Ungelegte Eier legen	ein Thema, das zurzeit noch nicht aktuell/spruchreif ist; Dinge, über die man sich Gedanken macht, bevor dies überhaupt notwendig ist
Raupen/Graupen im Kopf haben	hochfliegende Pläne haben; hochmütig sein; dumme Gedanken haben
Auf dem falschen Weg sein	sich irren; einen falschen Gedanken haben; eine Lösung eines Problems vorschlagen, die nicht funktioniert; sich falsch verhalten
Einen lichten Augenblick haben	eine kurze Phase kluger Gedanken haben; eine Idee haben

3. Lied

Das Lied „Die Gedanken sind frei“ (Text siehe unten) entweder vorsingen, von CD abspielen, gemeinsam singen oder die Teilnehmerinnen in vier Gruppen einteilen. Jede Gruppe bekommt einen Vers und soll ihn kurz einüben, dann singen die Gruppen der Reihe nach vor.

Die Gedanken sind frei
Die Gedanken sind frei, wer kann sie erraten.
Sie fliegen vorbei, wie nächtliche Schatten.
Kein Mensch kann sie wissen, kein Jäger erschießen.
Es bleibet dabei: Die Gedanken sind frei!

Ich denk' was ich will und was mich beglücket,
doch alles in der Still' und wie es sich schicket.
Mein Wunsch, mein Begehren kann niemand verwehren,
es bleibet dabei: Die Gedanken sind frei!

Und sperrt man mich ein in finstere Kerker,
das alles, das sind vergebliche Werke.
Denn meine Gedanken zerreißen die Schranken
und Mauern entzwei: Die Gedanken sind frei!

Drum will ich auf immer den Sorgen entsagen
und will mich auch nimmer mit Grillen mehr plagen.
Man kann ja im Herzen stets lachen und scherzen
und denken dabei: Die Gedanken sind frei!

(Urheber/Autor unbekannt)

4. Impuls

Material
- Sturzhelm

Welche Funktion hat ein Helm? Wir setzen ihn auf, um den Kopf zu schützen. So wie unser physischer Kopf benötigt auch der „innere Kopf" einen Schutz. Er sollte besonders gut behütet werden, denn in den Gedanken nimmt Gutes und Schlechtes seinen Anfang.

Die Bibel weiß um den Zusammenhang von Denken und Fühlen. Sie fordert uns deshalb dazu auf, auf beides Acht zu haben. Lassen wir den Gedanken freien Lauf, sind wir Gefühlen schutzlos ausgeliefert. Nicht, dass sie schlecht sind. Gott, der Geber aller Dinge, beschenkt den Menschen mit der Fähigkeit Emotionen zu haben. Gott kennt unsere Gefühle. Auch er empfindet z.B. Liebe oder Zorn. Er gibt uns diese Gemütsbewegungen als Gabe, die das Leben bereichern.

Doch wir sollten uns davor hüten, uns von Gefühlen abhängig zu machen bzw. sich von ihnen versklaven zu lassen. Geben wir uns ihnen zu sehr hin, werden sie zum Zentrum unseres Denkens und Fühlens. Daraus resultieren Ichbezogenheit und Unzufriedenheit. Liegt der Dreh- und Angelpunkt außerhalb unserer Person bei Jesus Christus, ist statt subjektiver Wahrnehmung mehr Objektivität möglich.

Auf diese Weise will er wie ein schützender Helm sein. Epheser 6,17: Die Gewissheit, dass euch Jesus Christus gerettet hat, ist euer Helm, der euch schützt. Und nehmt das Wort Gottes. Es ist das Schwert, das euch sein Geist gibt.

Wir müssen also darauf achten, welchen Eindrücken und Gedanken Einlass gewährt wird, sie von der Bibel her bewerten und den schlechten den Eintritt verwehren. Dann sind wir nicht mehr jedem Eindruck und Einfluss schutzlos ausgeliefert.
Deshalb ist der Rat des weisen Königs Salomo eine wahrhaft kluge Aufforderung: Was ich dir jetzt rate, ist wichtiger als alles andere: Achte auf deine Gedanken und Gefühle, denn sie beeinflussen dein ganzes Leben (Sprüche 4,23)! Achten wir auf diese Anweisung, gelingt es, Emotionen als wunderbare Bereicherung zu erleben und nicht mehr von Gefühlsschwankungen versklavt zu werden.

5. Kleingruppen

Der Zusammenhang zwischen Denken und Fühlen
Es werden Gesprächsgruppen mit je vier bis sechs Teilnehmerinnen gebildet. Alle Gruppen bekommen dieselben Fragen, dazu das „ABC der Gefühle" und den Talmud-Text.

Fragen für das Gespräch
Wer oder was beeinflusst unser Fühlen?
Welche Auswirkungen hat negatives Denken auf uns, auf andere und Umständen gegenüber?
Wie können wir negative Gefühle in den Griff bekommen?
Wie wirkt sich eine persönliche Gottesbeziehung auf mein Gefühlsleben aus?
Welche Rolle spielt unsere Gedankenkontrolle bei dem Wissen, dass die Gedanken Einfluss auf den Charakter haben?

Das Abc der Gefühle
Um Emotionen besser verstehen zu können, ist es hilfreich die Entstehung von Gefühlen zu kennen. Dabei ist es egal, ob es sich um positive, negative oder neutrale Empfindungen handelt. Die Entwicklung eines Gefühls läuft bei allen Menschen in drei immer gleichen Schritten ab:

A = Antenne
Wir nehmen etwas wahr. Diese Wahrnehmung erfolgt durch Hören, Sehen, Riechen, Fühlen oder komplexe Situationen. Oft reichen Erinnerungen an bestimmte Situationen aus, um Gefühle ins Rollen zu bringen.

B = Bewertung
Alles, was wir wahrnehmen, bewerten wir anhand früherer ähnlicher Sinneseindrücke, ohne es uns bewusst zu machen. Der Geruch von ausgepusteten Kerzen kann zum Beispiel Geborgenheit und Wohlbefinden auslösen, weil dieser Geruch an die Weihnachtskerzen der Kindheit erinnert. Dieselben Kerzen können beim Verbinden mit einem negativen Erlebnis auch das Gegenteil bewirken: Fing z.B. der Adventskranz Feuer, kann sich dabei auch Panik breitmachen.

C = Code
Wir reagieren einem erlernten Code entsprechend. Unser Denken, Fühlen und Handeln wurde uns nicht in die Wiege gelegt, sondern ist durch viele Erfahrungen erlernt. Dieses angeeignete Verhalten funktioniert wie ein Code, der bestimmte Handlungsmuster auslöst. Hat eine Person zum Beispiel in der Kindheit schlechte Erfahrungen mit Hunden gemacht, löst die Begegnung mit einem solchen Tier immer wieder Angst und Unbehagen aus. Der Versuch auszuweichen und Distanz zu wahren, wird sich als unbewusstes Verhaltensmuster im Laufe der Jahre einschleichen und festigen, wenn nicht bewusst dagegengesteuert wird.

Unser Denken bestimmt unser Fühlen. Dieses Wissen birgt eine große Chance. Es bedeutet, dass wir unsere Gefühle beeinflussen können. Wir müssen uns nicht von ihnen versklaven lassen, sondern haben die Möglichkeit, die Emotionen in den Griff zu bekommen.
Das Abc der Gefühle aktiviert nicht zwangsläufig ein Leben lang denselben Code, sondern kann neu codiert werden. Doch wie geschieht das? Gibt es in dem ablaufenden Mechanismus einen Angriffspunkt, um unsere Empfindungen zu steuern?

Der *Antenne* sind wir ausgeliefert, hier ist eine Änderung nicht möglich. Wahrnehmungen stürmen ungefiltert auf uns ein. Um eine Umcodierung zu erreichen, müssen wir beim *Bewerten* eingreifen. Durch eine Neubewertung beeinflussen wir unsere Gefühle. Positive Gedanken führen vereinfacht gesagt zu positiven Empfindungen, negative Gedanken zu negativen Emotionen. Ein Beispiel: Mein Nachbar, der morgens zur gleichen Zeit das Haus verlässt, übersieht mich häufig. Nun kann ich denken: „Er möchte mich nicht sehen und hat etwas gegen mich." Diese Gedanken bewirken schlechte Gefühle ihm gegenüber. Stattdessen kann ich mir auch sagen: „Es ist früh am Tag, vielleicht ist er noch müde. Außerdem hat er seine Brille nicht auf und kann mich nicht erkennen." Diese Sichtweise wird meine Gefühle positiver beeinflussen als die erstgenannte.

Als Christen haben wir eine weitere Möglichkeit unsere Gedanken zu lenken. Im Bewusstsein, dass Gott gute Gedanken über uns und unser Leben hat, fällt es leichter, auch scheinbar negative Dinge positiver zu bewerten als ohne dieses Wissen: Denn ich weiß wohl, was ich für Gedanken über euch habe, spricht der HERR: Gedanken des Friedens und nicht des Leides, dass ich euch gebe das Ende, des ihr wartet (Jeremia 29,11 nach Luther).

Der Einfluss der Gedanken auf den Charakter
Achte auf deine Gedanken, denn sie werden Worte.
Achte auf deine Worte, denn sie werden Handlungen.
Achte auf deine Handlungen, denn sie werden Gewohnheiten.
Achte auf deine Gewohnheiten, denn sie werden dein Charakter.
Achte auf deinen Charakter, denn er wird dein Schicksal.
(aus dem Talmud)

---

6. Plenum

Im Plenum sollte noch einmal der Gedankenablauf dargestellt werden, z.B. mithilfe eines großen Plakates oder Flipchart:

Positives Denken und was es bewirkt

Sprüche 4,23:
Achte auf deine Gedanken und Gefühle, denn sie beeinflussen dein ganzes Leben!

Der Einfluss der Gedanken auf den Charakter
Achte auf deine Gedanken, denn sie werden Worte.
Achte auf deine Worte, denn sie werden Handlungen.
Achte auf deine Handlungen, denn sie werden Gewohnheiten.
Achte auf deine Gewohnheiten, denn sie werden dein Charakter.
Achte auf deinen Charakter, denn er wird dein Schicksal.
(aus dem Talmud)

Gedanke
Worte
Handlung
Angewohnheit
Charakter

Wenn die Gruppe nicht zu groß ist, kann im Plenum ein Gespräch stattfinden. Die Frage kann zum Beispiel sein:
Welche Charaktereigenschaften entstehen durch gute oder schlechte Gedanken?
Sind sie ein unabänderliches Schicksal?

7. Abschluss

Zum Abschluss bekommt jede Frau den Text

Achte auf deine **Gedanken,**
denn sie werden **Worte.**
Achte auf deine **Worte,**
denn sie werden **Handlungen.**
Achte auf deine **Handlungen,**
denn sie werden **Gewohnheiten.**
Achte auf deine **Gewohnheiten,**
denn sie werden dein **Charakter.**
Achte auf deinen **Charakter,**
denn er wird dein **Schicksal.**
(aus dem Talmud)

als Karte geschenkt.

4| Durch Krisen reifen

Jesaja 43,1-3
... Hab keine Angst, Israel, denn ich habe dich erlöst! Ich habe dich bei deinem Namen gerufen, du gehörst zu mir. Wenn du durch tiefes Wasser oder reißende Ströme gehen musst - ich bin bei dir, du wirst nicht ertrinken. Und wenn du ins Feuer gerätst, bleibst du unversehrt. Keine Flamme wird dich verbrennen. Denn ich, der Herr, bin dein Gott, der heilige Gott Israels. Ich bin dein Retter ...

Psalm 23,4
Und geht es auch durch dunkle Täler, fürchte ich mich nicht, denn du, Herr, bist bei mir. Du beschützt mich mit deinem Hirtenstab.

Ablauf
1. Einführung (max. 5 Minuten)
2. Kreatives (ca. 10 Minuten)
3. Impuls (ca. 5 Minuten)
4. Kleingruppen (ca. 30 Minuten)
5. Plenum (ca. 15 Minuten)
6. Gedicht (1-2 Minuten)

1. Einführung

Krisen kündigen sich manchmal leise an, können aber auch plötzlich und ohne Vorwarnung mit aller Wucht über uns hereinbrechen. Es sind immer Zeiten des Umbruchs und Zeiten des Loslassens. Altes und Liebgewordenes muss verabschiedet werden. Sicherheit und Geborgenheit weichen. Wir können nicht mehr weitermachen wie bisher, müssen auf die veränderte Situation reagieren - ob wir wollen oder nicht. Krisen machen hilflos, können lähmen, rufen Angst und Trauer hervor.
Krisen sind im Gegensatz zu Problemen nie nur punktuell, sondern viel globaler und umfassender. Krise bedeutet die Zuspitzung einer schweren Situation. Die Spannung wird fast unerträglich und beinhaltet immer auch Gefahr. Im Verlauf kommt es zur Entscheidung, wie es weitergeht. Sie kann zum Schlusspunkt, aber auch zum Wendepunkt werden. Weil in der Krise der Ausgang nicht sichtbar ist, erleben wir sie als höchst bedrohlich. Doch Krisen bergen auch immer Chancen in sich. Dadurch, dass Neuorientierung unausweichlich ist und Altes losgelassen werden muss, besteht die Möglichkeit zum Innehalten, zur Klausur. Aus Schmerzhaftem kann etwas Kostbares entstehen.

2. Kreatives: Die Perle

Krisen sind oft unausweichlich, wir können nicht einfach weglaufen, auch wenn wir es gerne täten. Tröstlich ist, dass Wertvolles oft unter enormem Druck oder großer Hitze entsteht, also in Begebenheiten, die alles andere als angenehm sind.
Erdöl entsteht aus Meeresorganismen (Plankton), die absterben, absinken und dann auf dem Meeresboden von Sedimenten bedeckt werden. Durch diese Ablagerungen werden die organischen Materialien hohem Druck und großer Hitze ausgesetzt. Mit der Zeit entsteht so das wertvolle Erdöl.
Ebenso wächst die kostbare Perle im Innern einer Muschel. Durch ein eingedrungenes Sandkorn entwickelt sich nach und nach aus Perlmutt, das als Wundwasser der Muschel fungiert und abgesondert wird, die Perle.

Um sich diesen Vorgang immer wieder vor Augen zu führen, besteht die Möglichkeit, eine Perlenmuschel zu basteln.

Material
- Muschelhälften
- Flüssigkleber
- Sand
- Wachsperlen (Durchmesser ca. 0,5 cm)

Die Muschelinnenseite wird mit Flüssigkleber bestrichen. Anschließend wird die Innenseite mit Sand bestreut. Den restlichen Sand wegblasen. Dann wird die Perle in die Muschel eingeklebt.

3. Impuls

Die Entstehung einer Perle zeigt, wie Wertvolles durch Krisen entstehen kann:

Das Wunder der Perle

Man erzählt sich die Geschichte einer Perle hier am Strand.
Sie entstand in einer Muschel durch ein grobes Körnchen Sand.
Es drang ein in ihre Mitte und die Muschel wehrte sich.
Doch sie musste damit leben und sie klagte: Warum ich?
Eine Perle wächst ins Leben, sie entsteht durch tiefen Schmerz.
Und die Muschel glaubt zu sterben. Wut und Trauer füllt ihr Herz.
Sie beginnt es zu ertragen, zu ummanteln dieses Korn.
Nach und nach verstummt ihr Klagen und ihr ohnmächtiger Zorn.

Viele Jahre sind vergangen, Tag für Tag am Meeresgrund
schließt und öffnet sich die Muschel. Jetzt fühlt sie sich kerngesund.
Ihre Perle wird geboren. Glitzert nun im Sonnenlicht.
Alle Schmerzen sind vergessen, jenes Wunder jedoch nicht.

Jede Perle lässt uns beten, hilft vertrauen und verstehn,
denn der Schöpfer aller Dinge hat auch deinen Schmerz gesehn.
Nun wächst Glaube, Hoffnung, Liebe, sogar Freude tief im Leid.
So entsteht auch deine Perle, sein Geschenk für alle Zeit.

(aus der CD 943.715 „Das Wunder der Perle", Auslieferung: Kawohl Verlag, 46485 Wesel, © Sören Kahl, ADLIB MUSIC, 46487 Wesel)

Schmerzhafte Krisen würden wir gern meiden. Kein Mensch durchlebt freiwillig eine schwere Zeit. Und doch sind Krisenzeiten Reifezeiten, die wir im Nachhinein oft als wertvollen Lebensabschnitt bewerten. Sie gehen zwar nicht spurlos an uns vorüber, lassen aber Wertvolles entstehen.
Im dunklen Tal fühlen wir uns allein, von Gott und Mensch verlassen, haben Angst daran zu zerbrechen oder an unserem Gott irrezuwerden. Die Fragen „Warum ich?" oder „Wie kann Gott das zulassen?" werden manchmal überlaut in uns und verlangen nach einer Antwort. Das Verunsichernde daran ist, dass es auf diese Problematik im Diesseits oder zumindest in der Notzeit keine Antwort gibt. Die Frage ist geeignet, sich daran die Zähne auszubeißen, hilft aber letztendlich nicht weiter. Allerdings dürfen wir uns trotz unseres Unverständnisses damit trösten, dass Gott sehr wohl weiß, was er zulässt und was nicht: Jesus antwortete ihm: „Das verstehst du jetzt noch nicht. Aber später wirst du es verstehen" (Johannes 13,7).
Auch Christen kommen in tiefe Krisen. Gott sagt nicht, dass er seine Kinder vor schweren Zeiten und Lebensführungen bewahrt. Doch er verspricht in Psalm 23,4 mit uns durch die leidvollen Wegstrecken zu gehen: Und geht es auch durch dunkle Täler, fürchte ich mich nicht, denn du, Herr, bist bei mir. Du beschützt mich mit deinem Hirtenstab.
Er lässt zwar so manches zu, aber er weiß, wie viel er uns zumuten kann. Gott wird unsere Seele und unseren Glauben bewahren und hat die Kontrolle über das scheinbare Chaos, dem wir ausgesetzt sind. In_Jesaja 43,1-3 verspricht er: „... Hab keine Angst, Israel, denn ich habe dich erlöst! Ich habe dich bei deinem Namen gerufen, du gehörst zu mir. Wenn du durch tiefes Wasser oder reißende Ströme gehen musst - ich bin bei dir, du wirst nicht ertrinken. Und wenn du ins Feuer gerätst, bleibst du unversehrt. Keine Flamme wird dich verbrennen. Denn ich, der Herr, bin dein Gott, der heilige Gott Israels. Ich bin dein Retter ..." Daran dürfen und sollen wir festhalten.

Eine Karte mit dem Text „Das Wunder der Perle“ ist beim Kawohl-Verlag zu bestellen. Sie kann an die Teilnehmerinnen verteilt werden.

4. Kleingruppen

Je Gruppe finden sich etwa vier bis fünf Teilnehmerinnen zusammen. Bei vielen Teilnehmerinnen können sich auch mehrere Gruppen zu einem Thema bilden. Jede Gruppe erhält als Gesprächshilfe einige Informationen und Fragen.

Gruppe 1: **Krisen und ihre Auswirkungen**
Gruppe 2: **Phasen einer Krise**
Gruppe 3: **Krisenbewältigung**

Gruppe 1: Krisen und ihre Auswirkungen
Krisenzeiten gehören wie gute Zeiten zum Leben. Sie beinhalten einen Bruch in der Normalität unseres Lebens. Krisen können sich langsam anbahnen, zum Beispiel beim Übergang in eine neue Lebensphase. Für manche gestaltet sich der Übergang von der Kindheit zur Pubertät oder die Lebensmitte als Krise. Sogar schöne Ereignisse können in Krisen stürzen und anfangs überfordern, z.B. der Übergang vom kinderlosen Paar in die Elternschaft. Was für den einen eine Krise auslöst, muss den andern noch lange nicht in eine solche stürzen. Manchmal bricht eine Krise aber wie ein Gewittersturm durch Krankheit, Unfall oder einen Unglücksfall über uns herein. Plötzlich ist alles anders und bewährte Strategien, den Alltag und Probleme zu meistern, versagen. Es scheint kein Entkommen zu geben. Das löst Angst und Panik aus. Gefühle wie „Das Wasser steht mir bis zum Hals“, „Mir sind die Hände gebunden“, „Ich spüre eine Zentnerlast auf mir, die mich zu Boden drückt“, „Es schnürt mir die Luft ab“, „Ich sehe keinen Ausweg“ sind bezeichnend. Es ist wie eine Einbahnstraße in einen schwarzen Tunnel, der sich bedrohlich vor uns auftut und an dessen Ende wir kein Licht sehen. Diesen Angstplatz wollen wir durch Fluchttendenzen vermeiden. Diese Situation ist nicht ungefährlich. Hier wird die Weiche gestellt, ob aus dem Bruch ein Zusammenbruch oder ein Durchbruch wird. Durchbrechen können wir aber nur, wenn wir in diesen Tunnel gehen und nicht ausweichen. Die Natur lehrt uns, dass in dieser dunklen Durchgangsstation, in der wir uns wie lebendig begraben fühlen, etwas Entscheidendes passiert: Die todgeweihte, knorrig trockene Blumenzwiebel treibt im dunklen Erdreich Wurzeln und erblüht im Frühjahr in ungeahnter Farbenpracht. Das kleine unscheinbare Samenkorn bricht in der Erde auf und wächst zum Weizen heran, der im Herbst gute Frucht bringt.

Die totgeglaubte Raupe verpuppt sich und reift im Kokon, der einem Sarg gleicht, zum wunderschönen Schmetterling.

Jede Krise hat also zwei Seiten. Das chinesische Schriftzeichen Wei Ji für Krise besteht aus zwei Teilen: der eine Teil symbolisiert Gefahr, der andere Chance. Das bedeutet, dass eine Krise eine gefährliche Chance ist. In der Mitte des Zeichens, sozusagen als Bindeglied, ist ein Kreuz zu erkennen. Als Christen können wir dieses Schriftzeichen so deuten: die Krise wird durch Jesus Christus zur Chance.

Fragen für das Gespräch
Was ist eine Krise?
Welche Krisenauslöser gibt es?
Welche negativen Auswirkungen haben Krisen?
Gibt es auch positive Auswirkungen?

Gruppe 2: Phasen einer Krise

In Krisenzeiten durchlaufen wir vier Phasen. Sie finden nicht automatisch in chronologischer Reihenfolge statt, sondern können in ihrem Ablauf variieren. Dieser Vorgang wiederholt sich, bis die Krise zu einem positiven Abschluss gekommen ist. Kommt es zu keiner Neuorientierung und Stabilisierung des Lebens, kann die Krise seelische Störungen wie Depressionen, Suchtgefahr und Schlafstörungen auslösen. Aber auch körperliche Beschwerden wie Kopf- und Rückenschmerzen, Magen-Darm-Probleme sind häufig die Folgen.

1. „Das kann nicht sein“

Es ist ein innerliches Aufbäumen gegen die Wahrheit. Sie wird ignoriert oder negiert. Der Betroffene lebt weiter, als ob sich nichts verändert hätte. So, wie das physikalische Gesetz der „Trägheit der Masse“ das Abbremsen und Innehalten verzögert, bleibt der Mensch in der gewohnten Bewegung. Er will nicht wahrhaben, dass er schwer erkrankt ist oder seine Arbeit verloren hat.

2. „Gefühlschaos“

Der Verlust, die Ausweglosigkeit und der Zerbruch werden realisiert. Das löst Angst und Panik aus, macht hilflos und unsicher. Wut, Schuldgefühle und Selbstzweifel bestimmen die Gedanken. Der Boden scheint unter den Füßen weggezogen. Es ist, als ob der Betroffene durch einen Strudel der Hoffnungslosigkeit in die Tiefe der Dunkelheit gezogen wird, aus der es kein Entrinnen gibt.

3. „Pfadfinderphase"
In der Dunkelheit blitzt immer wieder wie ein Hoffnungsschimmer Licht auf. Es werden Möglichkeiten überlegt, wie es weitergehen kann. Verschiedene Wege werden auf ihre Begehbarkeit geprüft. Der Lebenswille beginnt wieder die Oberhand zu gewinnen. Auswege und Chancen zeichnen sich langsam ab. Es wird allmählich wieder heller im Leben.

4. „Neuanfang"
Die Krise ist überwunden. Die neue Situation stellt zwar eine Herausforderung, aber keine Überforderung mehr dar. Es ist ein Ankommen und Zurechtfinden, ein sich Arrangieren mit dem neuen Leben. Die Krise wird zum Knotenpunkt im Leben. Krisen lassen uns reifen und geben uns, wenn sie überstanden sind, mehr Standfestigkeit. In der Tiefe entwickelt sich Tiefgang. Doch Vorsicht: So wie Wunden heilen und dabei Narben hinterlassen, bleiben wir an diesen Stellen besonders empfindlich und sollten sorgsam mit überstandenen Krisen umgehen.

Fragen für das Gespräch
Wie reagiert der Mensch auf Krisen?
Was sind die Folgen von unbewältigten Krisen?
Welche Veränderungen kann es im Laufe einer Krise geben?
Ist es möglich, gestärkt aus einer Krise hervorzugehen?

Gruppe 3: Hilfen zur Krisenbewältigung und Neuanfang

Kopf hoch!
Dabei geht es nicht um die trostpflasterartige Floskel, die gern schnell dahingesagt wird, sondern um eine tatsächliche Aufforderung. Lassen wir den Kopf hängen, sehen wir nur den schmutzigen Boden. Heben wir ihn dagegen an und schauen nach vorn, sehen wir den Horizont, erheben wir den Blick zum Himmel, sehen wir vom Zeitlichen ins Ewige. Angesichts dieser Dimension verliert die Krise ihren Absolutheitsanspruch. Wir sehen momentan nur einen kleinen Ausschnitt unseres Lebens, doch Gott sieht das fertige Bild.

Höhlenforscher
Krisensituationen werden als dunkle Zeiten im Leben bezeichnet, wie der bedrohliche Abstieg in die beengende Höhle eines riesigen Berges. In Märchen sind Höhlen oft Orte, in denen Schätze verborgen sind. Nehmen wir uns Zeit! Höhlen können auch Schutz bieten. Nutzen wir unsere Höhlenzeit, um

eine neue, tiefe Geborgenheit zu erleben. Auch wenn man denkt, man wäre dort allein, ist das nicht der Fall. Gott ist bei uns. Nutzen wir die Chance uns bei ihm auszuklagen! Notfalls immer und immer wieder. Geben wir ihm unsere Scherben ab! Und halten wir die Augen auf: Sind in unserer Höhle auch Edelsteine verborgen? Nach Schätzen muss man graben und suchen, sie liegen nie gut sichtbar herum.

Zuversicht

Zuversicht ist der Blick zu etwas hin. Erinnern wir uns bewusst an vergangene Krisen, die wir bewältigt haben. Schreiben wir Tagebuch? Dann nehmen wir uns Zeit und lassen längst Vergangenes noch einmal vor unserem inneren Auge lebendig werden. Gibt es einen Bibelvers, der durch schwere Zeiten getragen hat? Der sollte an einer gut sichtbaren Stelle aufgehangen werden. Gedanken müssen abgewandt werden, die in die Verzweiflung treiben wollen. Wenn die Krise als unüberwindbar beurteilt wird, wird man noch mehr leiden. Zwingen wir uns zu hoffnungsvollen Gedanken wie „Irgendwie ging es bisher immer weiter", „Wenn sich eine Tür schließt, öffnet sich ein Fenster".

Freunde

Auch wenn uns nach Rückzug und Isolation zumute ist, solten wir uns immer wieder neu überwinden, uns mit einem guten Freund zu treffen und ihm die Situation zu berichten. Dies trägt dazu bei, sich mit der Krise auseinanderzusetzen und sie zu benennen. Es ist eine Hilfe, dem Zustand ins Auge zu sehen und nach Lösungen zu suchen. Zusätzlich werden durch den Blickwinkel des Freundes mehr Aspekte beleuchtet. Das kann vielleicht eine andere Sicht erschließen. Wenn möglich, sollte zusammen gebetet werden! Falls wir uns selbst dazu nicht in der Lage fühlen, ist vielleicht der Freund bereit, ein Gebet für uns zu sprechen.

Erfahrungen suchen

Kennen wir Menschen, denen Ähnliches widerfahren ist? Dann sollten wir den Kontakt suchen, um uns auszutauschen. Es kann sehr tröstlich sein, Personen zu treffen und sich mit ihnen zu unterhalten, die ähnliche Situationen erlebt und gemeistert haben. Was hat ihnen geholfen, wie konnten sie die Krise bewältigen? Falls wir in der Umgebung niemanden kennen, kann man Bücher lesen, die Orientierung geben. Die Bibel ist übrigens voll von Menschen, die durch schwere Zeiten gehen mussten, hier wird man bestimmt fündig.

Bewusstes Loslassen

Krisen sind Zeiten des Loslassens, Altes muss verabschiedet werden. Dabei handelt es sich meistens um Liebgewonnenes. Menschen versuchen festzuhalten, wollen nicht hergeben, denn es würde fehlen und schmerzen. Doch die Situation zwingt zum Hergeben. Dazu kommt vielleicht noch die Sorge, was aus dem Losgelassenen wird. Als Christen haben wir das Vorrecht, es von unserer Hand in Gottes Hand zu übergeben. Die Übergabe sollte ganz bewusst geschehen. Wir schreiben zum Beispiel einen Abschiedsbrief und übergeben die Sachlage in Gottes Hand, indem wir den Brief verbrennen oder vergraben. Durch das Loslassen wird die Hand frei, zu gegebener Zeit Neues zu ergreifen. Das Neue muss nicht schlechter sein, es wird nur anders sein.

Zurück in die Zukunft
Wagen wir einen Blick in die Zukunft! Auch wenn wir das Ganze noch nicht einordnen und verstehen können, können wir überlegen, was daraus Gutes entstehen könnte. Es hilft, den Blick weg vom Problem hin zur Bewältigung zu lenken. Wir dürfen daran festhalten: Das eine aber wissen wir: Wer Gott liebt, dem dient alles, was geschieht, zum Guten (Römer 8,28a).

Fragen für das Gespräch
Welche Rolle spielen die Gedanken?
Welche Bedeutung haben andere Menschen in einer Krise?
Gibt es Wege aus einer Krise? Was hilft am meisten?

---

5. Plenum

Im Plenum berichtet jede Gruppe von ihrem Thema und gibt einen kurzen Überblick über das Gespräch. Die wichtigsten Erkenntnisse jeder Gruppe können für alle festgehalten werden. (Jede Gruppe max. 5 Minuten.)

6. Gedicht: Tiefwurzler und Flachwurzler

Herr, lass mich eine Eiche sein -
in Dich tief graben die Wurzeln ein,
Halt zu haben ganz in der Tiefe,
auch wenn der Sturm kommt und
macht mich schiefe.

Ich will sein bloß keine Fichte,
die der erste „Lothar“ schon macht zunichte,
weil sie nur ein Flachwurzler ist.
Ich will sein kein Flachwurzler-Christ!

So will ich mich nähren aus Deinem Wort -
Nährstoffe sammeln aus Dir, meinem Hort.
Du bist mein sicherster Zufluchtsort.
Du bist weder launisch,
noch willst Du mich knechten,
Du hilfst meinen Lebenskampf auszufechten.
Dir vertrau' ich mein Chaos an.
Ordne und hilf mir und brich Dir Bahn.

Komm Heilger Geist und kehr' bei mir ein -
doch zuerst kehre aus,
was an Groll noch vorhanden im Lebenshaus.
Hilf machen von Grund auf sauber in mir,
vernichte die Altlasten, die lagern noch hier.
Hilf lösen die Lähmung und
Bedrückung tief drin,
die alten Verletzungen,
den Minderwertigkeitssinn.
Du liebst mich und
wolltest mich haben auf Erd',
dass Dein Plan auch durch mich erfüllet wird'.

Du hast acht auf mich - Dir ist es nicht schnurz,
wenn ich meine, ich komme im Leben zu kurz.
Dir bin ich wichtig, das gibt wieder Mut,
auch wenn vieles eher entmutigen tut.
Herr, ich will Dir dienen an meinem Platz -
lehre mich leben aus Deinem Schatz.
Du bist die Fülle und gibst uns teil
an Dir, unserem wirklichen Lebensheil.
Hilf, dass die Erkenntnis
vom Kopf rutscht ins Herz
und dass wir erleben,
wenn auch unter Schmerz,
dass bei Dir Theorie und Praxis sind eins.
Dein Wort ist verlässlich,
wie sonst auf der Welt keins!
Amen

(Sabine Hartmann - Abdruck mit freundlicher Genehmigung der Autorin)

5| Entscheide gut - lebe gut!

Psalm 32,8
Ich will dich lehren und dir sagen, wie du leben sollst; ich berate dich, nie verliere ich dich aus den Augen.

Sprüche 3,5-6
Verlass dich nicht auf deine eigene Urteilskraft, sondern vertraue voll und ganz dem Herrn! Denke bei jedem Schritt an ihn; er zeigt dir den richtigen Weg und krönt dein Handeln mit Erfolg.

Ablauf
1. Entscheiden ganz praktisch (ca. 5 Minuten)
2. Einführung (ca. 2 Minuten)
3. Anspiel (ca. 10 Minuten)
4. Kleingruppen (ca. 30 Minuten)
5. Plenum (ca. 10 Minuten)
6. Impuls (ca. 5 Minuten)
7. Lied (ca. 4 Minuten)

1. Entscheiden ganz praktisch

Material
- einige Kalenderblätter/Postkarten/Fotos
- verschiedene Blumen
- Schokoladentäfelchen, Kekse ...

Aufgabe
Die Bilder, Blumen und Naschereien werden ausgelegt. Die Frauen sollen sich spontan für ein Teil entscheiden.
Anschließend findet ein kurzer Austausch darüber statt, welche Gedanken bei der Entscheidung ausschlaggebend waren.

2. Einführung
Eine Entscheidung zu treffen fällt häufig schwer, denn sie bedeutet, zu einer Möglichkeit „Ja“ und zu allen anderen „Nein“ zu sagen.
Wir haben Angst uns festzulegen und befürchten, dass wir dadurch manches verpassen.

Natürlich spielen bei Entscheidungen auch der Persönlichkeitstyp oder die Tragweite eine Rolle. Vor einer Entscheidung müssen wir unsere inneren Stimmen orten, das Pro und Kontra sortieren und abwägen. Doch dann sollte eine Wahl getroffen werden. Oft ist es aber so, dass diese aus Angst vor Fehlern auf die lange Bank geschoben wird. Keine Entscheidung ist aber auch eine Entscheidung - nämlich die, alles beim Alten zu belassen.
Natürlich wissen wir vorher nicht, ob unsere Entscheidung richtig ist. Doch Fehlentscheidungen müssen keine Katastrophe sein. Oft ist eine Umkehr bzw. Neuorientierung nötig und möglich. Durch eine falsche Wahl kommen wir dann zwar vorerst nicht zum Ziel, erweitern aber unseren Erfahrungsschatz.

3. Anspiel

Ein kleines Anspiel soll verdeutlichen, wie sich verschiedene Stimmen in unserem Inneren zu Wort melden, wenn wir eine Entscheidung treffen müssen. Mehrere Seelen oder Empfindungen in der Brust zu haben, gegensätzliche Argumente, die uns vor dem Treffen eines Entschlusses hin und her werfen sind etwas ganz Normales und gehören zum Prozess der Entscheidungsfindung dazu.
Diese miteinander ringenden inneren Stimmen empfinden wir hin und wieder als Sturm, der in uns tobt. Für- und Widerargumente tauchen in allen möglichen Schattierungen vor dem inneren Auge auf und versuchen uns zu überzeugen. Das macht zwar kurzfristig handlungsunfähig, ermöglicht aber gleichzeitig, sich mit dem Thema adäquat auseinanderzusetzen. Dieser Vorgang befähigt uns zu einem angebrachten Verhalten zu finden. Je nach Persönlichkeit sind verschiedene Stimmen beteiligt, die sich zu Wort melden. Immer aber gibt es eine Hauptstimme, die die Kriterien sammelt, auswertet und letztlich auch entscheidet.

Material

- Kopien des Textes
- Papierhüte in weiß, rot, schwarz und blau oder echte Hüte mit Farbband

Durchführung

Das Anspiel wird entweder in verschiedenen Rollen von Teilnehmerinnen vorgelesen oder die Mitarbeiter spielen es vor. Dabei haben sie verschiedenfarbige Hüte auf:
- auf dem weißen Hut steht: Gewissen
- auf dem roten Hut steht: Bequemlichkeit
- auf dem schwarzen Hut steht: Angst
- auf dem blauen Hut steht: Hauptstimme

Die Einladung

Mitwirkende
ein Gewissenhafter (kurz: Gewissen)
ein zur Bequemlichkeit Neigender (kurz: Bequem)
ein Ängstlicher (kurz: Angst)
die Hauptstimme

Eine Person ist zum Abendessen eingeladen und kommt dabei in folgenden inneren Konflikt:

Gewissen: Heute Abend sind wir bei Frau Neu zum Abendessen eingeladen.
Bequem: Was sollen wir dort eigentlich, ich kenne sie fast gar nicht!
Gewissen: Ja, aber sie ist erst hergezogen und hat kaum Kontakte, da freut sie sich über Besuch.
Bequem: Warum lädt sie ausgerechnet uns ein, ich kenne schon genug Leute.
Gewissen: Sie hat sich so sehr gefreut, als ich sie kürzlich darauf ansprach, ob sie neu im Ort ist.
Bequem: Ja, ich weiß, aber heute passt es mir nicht. Ich hatte einen anstrengenden Arbeitstag und möchte gern meine Lieblingsserie im Fernsehen schauen.
Gewissen: Du wirst doch einmal verzichten können. Denk daran, wie es dir nach deinem Umzug erging, weg von deinen Freunden und Verwandten.
Bequem: Du hast ja recht, aber ich bin sehr erschöpft. Und vielleicht wäre unsere Gastgeberin froh, wenn wir uns entschuldigen und das Abendessen später nachholen. Ich habe außerdem gehört, dass eines ihrer Kinder an Windpocken erkrankt ist.
Gewissen: Das fällt dir jetzt ein? Was für eine Ausrede! Solange die Gastgeberin nicht selbst absagt, ist das kein Grund, den Besuch abzublasen.
Angst: Wie bitte, was hast du gesagt? Windpocken? Diese Krankheit ist hoch ansteckend, unter diesen Bedingungen können wir unmöglich die Einladung annehmen!
Gewissen: So ein Unsinn! DU BIST ERWACHSEN und hast diese Krankheit längst hinter dir!
Angst: Das mag schon sein, aber was ist, wenn wir die Viren mit nach Hause schleppen und die eigenen Kinder anstecken? Die Jüngste ist sowieso sehr anfällig. Außerdem könnten Komplikationen auftreten!
Hauptstimme (greift ein): Ich finde, wir sollten den Vorschlag, das Abend-

essen zu verschieben, nicht einfach ignorieren. Vielleicht wäre es für die Gastgeberin tatsächlich eine Erleichterung.

Gewissen: Aber ich finde es schlimm und Frau Neu tut mir leid. Wahrscheinlich hat sie schon alles vorbereitet.

Hauptstimme: Gut, das könnte sein. Genauso möglich ist aber, dass sie wegen der Windpocken mit Arztbesuchen und weinendem Kind alle Hände voll zu tun hat und froh wäre, nicht auch noch etwas vorbereiten zu müssen.

Gewissen: Warum bittet sie dann nicht selbst um ein Verschieben?

Bequem: Vielleicht hat sie die Einladung auch vergessen. Dann verzichten wir völlig umsonst auf den wohlverdienten Feierabend und bringen diese Frau auch noch in Verlegenheit.

Hauptstimme: Was machen wir jetzt? Können wir unsere Gastgeberin anrufen und nachfragen, ob ein Verlegen in Ordnung ist?

Gewissen: Falls sie aber schon alles vorbereitet hat, gehen wir trotzdem hin!

Angst: Aber nur, wenn wir uns vorher genau über die Übertragungswege informiert haben!

Bequem: Wenn wir doch gehen, sollten wir aber nicht so lange bleiben. Das ist in diesem Fall besser für alle.

Hauptstimme: In Ordnung! Wir informieren uns rasch über die Ansteckung der Krankheit. Besteht keine Gefahr, wird danach angerufen und nachgefragt! Das bedeutet, falls Frau Neu möchte, dass wir kommen, werden wir die Einladung annehmen und nicht zu spät nach Hause gehen.

4. Kleingruppen

Die Teilnehmerinnen werden in Sechsergruppen eingeteilt. Das Prinzip der „inneren Stimmen" wird nun an einer konkreten Entscheidungssituation getestet.

Der Kreativitätsguru Edward de Bono (geboren 1933 auf Malta; britischer Mediziner und Schriftsteller) hat dafür eine Imaginationstechnik mittels Denkhüten entwickelt. Das besondere daran: Die „Denkhüte" sind für Entscheidungen in einer Gruppe außergewöhnlich gut geeignet. Insgesamt gibt es sechs Hüte in verschiedenen Farben, von denen jeder für eine bestimmte Sicht der Dinge steht. Wenn eine Frau einen Denkhut aufsetzt, muss sie also aus der vorgegebenen Perspektive die Entscheidung überdenken.

Der weiße Hut steht für	Information
Der rote Hut steht für	Gefühle
Der schwarze Hut steht für	Kritik und Bedenken

Der gelbe Hut steht für	Optimismus
Der grüne Hut steht für	neue Ideen
Der blaue Hut steht für	die Hauptstimme (leitet / hat den Überblick)

Der weiße Hut: Objektivität und Neutralität
Der weiße Hut steht dafür, Informationen zu sammeln, ohne sie zu werten. Wer den weißen Hut aufsetzt, ist einem Computer ähnlich: nun zählen nur die nackten Fakten und Zahlen. Wer den weißen Hut trägt, versucht sich konsequent freizumachen von allen Emotionen oder Urteilen. Keine Angst, die Gefühle müssen ja nicht für immer weggeschoben werden, denn mit einem anderen Hut kann man alle Gefühle rauslassen! Der Träger des weißen Huts verschafft sich einen objektiven Überblick über alle verfügbaren Daten und Informationen - vollkommen unabhängig von der persönlichen Meinung. Dieser Hut wird häufig zu Beginn einer Diskussion oder eines Prozesses aufgesetzt, um einen ersten Überblick zu erhalten.

Der rote Hut: das ganz subjektive Empfinden, die persönliche Meinung
Ganz im Gegensatz zum weißen Hut steht der rote Hut nun für Emotionen. Wir können alle Gefühle zulassen, die in uns sind. Gemeint sind sowohl positive als auch negative Gefühle wie z.B. Ängste, Freude, Zweifel, Hoffnungen, Frustration oder was auch immer. Zusätzlich geht es hier aber auch um „allgemeine“ Ansätze, wie z.B. Intuition. Mit dem roten Hut spricht man immer aus dem Bauch, nicht mit dem Kopf und wir können alles äußern, was wir in uns fühlen, unabhängig davon, wie klar wir es artikulieren oder ob die anderen in der Gruppe etwas damit anfangen können. Alles Diffuse, alles Gefühlsmäßige kann mit dem roten Hut ausgesprochen werden, ohne sich rechtfertigen zu müssen.

Der schwarze Hut: objektiv negative Aspekte
Beim schwarzen Hut geht es darum, die objektiv negativen Aspekte des Problems oder der Fragestellung zu finden. Dazu gehören Bedenken, Zweifel, Risiken, u.ä. - also alle sachlichen Argumente, die gegen ein Projekt bzw. eine Entscheidung sprechen oder die eine Fragestellung verneinen. Wer den schwarzen Hut aufsetzt, strebt an, objektiv (!) alle negativen Aspekte eines Themas herauszufinden, z.B.: „Gegen dieses Projekt spricht...“, „Die objektiv erkennbaren Gefahren unseres Vorhabens sind...“ usw. Hier werden aber wirklich nur objektive Bedenken angebracht und nicht persönliche negative Gefühle - diese werden mit dem roten Hut geäußert.

Der gelbe Hut: objektiv positive Aspekte

Der gelbe Hut steht für das Gegenteil des schwarzen Huts: Hier geht es darum, das objektiv Positive zu entdecken. Wer den gelben Hut aufsetzt, hat die Aufgabe, Chancen oder Pluspunkte zu finden, aber auch realistische Hoffnungen und erstrebenswerte Ziele zu formulieren. Auch hier geht es wieder darum, die positiven Aspekte aus einer möglichst objektiven Sicht zu erkennen und nicht aus einer Gefühlsstimmung heraus (so gehört z.B. Euphorie zum roten Hut). Hier geht es auch noch nicht darum, Ideen zu entwickeln (grüner Hut), sondern um das Erkennen aller Aspekte, die für ein Projekt, eine Entscheidung oder eine Idee sprechen.

Der grüne Hut: hin zu neuen Ideen

Dieser Hut steht für die Kreativität, für Wachstum und für neue Ideen. Wer diesen Hut trägt, begibt sich auf die Suche nach Alternativen. Der grüne Hut befähigt, über das hinauszudenken, was bereits getan wird oder angedacht ist. Wer den grünen Hut ausetzt, kannKreativitätstechniken einsetzen oder auch das Mittel der Provokation nutzen, um andere zum Widerspruch zu reizen. Träger des grünen Huts dürfen alles formulieren, was zu neuen Ideen und Ansätzen führt, unabhängig davon, wie verrückt oder unrealistisch die Ideen sind. Mit dem grünen Hut auf dem Kopf sind kritische Bemerkungen untersagt (dafür steht der schwarze Hut).

Der blaue Hut: Dirigent sein

Der blaue Hut steht für Kontrolle und für die Organisation des gesamten Denkprozesses. Wer den blauen Hut trägt, begibt sich auf die so genannte „Meta-Ebene“, blickt also von einem übergeordneten Punkt auf den gesamten Prozess und erlangt so einen Überblick. Die Aufgaben des Trägers des blauen Hut bestehen darin, die Ergebnisse zusammenzufassen oder Entscheidungen darüber zu treffen, welche Hüte im weiteren Prozess überhaupt oder noch einmal aufgesetzt werden müssen. Oft wird dieser Hut am Ende einer Sitzung aufgesetzt. Es bietet sich aber auch an, dass eine Person den blauen Hut über den ganzen Prozess hinweg aufbehält und somit Moderator in der Besprechung, Diskussion oder Problemlösung ist.

Material

- pro Gruppe sechs (Papier-)Hüte, je einen weißen, roten, schwarzen, gelben, grünen und blauen; man kann auch echte Hüte nehmen und sie durch einen farbigen Papierstreifen kennzeichnen
- pro Gruppe je ein Blatt in den Farben der Hüte

Durchführung
Jeder nimmt sich zu Beginn einen Hut und liest die dazugehörige Sicht der Dinge vor, um eine Übersicht über deren Bedeutung zu bekommen.
Nun setzen alle gemeinsam die verschiedenen Hüte nacheinander auf. Jede Frau äußert jeweils laut, was sie unter dem jeweiligen Hut zur Fragestellung zu sagen hat. Die Äußerungen werden schriftlich, am besten für alle sichtbar, gesammelt. Das heißt: Aussagen, die unter dem roten Hut geäußert werden, werden auf das rote Blatt geschrieben und so weiter.

Entscheidungssituation
Es besteht die Möglichkeit, eine aktuelle Situation zur Diskussion zu stellen oder z.B. folgende Situation anzubieten: Die Erziehungszeit einer Mutter mit zwei Kindern geht zu Ende und sie steht vor der Entscheidung, zurück in den Beruf zu gehen oder Familienfrau zu sein. Was sagen die inneren Stimmen?

5. Plenum
Im Plenum besteht die Möglichkeit, über diese Methode der Entscheidungsfindung zu reflektieren.

Fragen zum Gespräch
Was war hilfreich?
War etwas hinderlich?
Eignet sich diese Methode auch als Hilfe, um eigene Entscheidungen im Alltag zu treffen?

6. Impuls
Entscheidungen treffen müssen wir alle. Täglich, auf vielerlei Weise. Kleine und große, schnelle und langfristige. Entscheidungen, die wir einfach treffen und kaum darüber nachdenken, aber auch schwerwiegende Beschlüsse mit großer Tragweite.

Von was lassen wir uns dabei leiten? Zum einen sicherlich von unseren inneren Stimmen. Aber von wem werden diese beeinflusst? Bei Christen sind sie geprägt von Gott. Wenn er, was wir glauben, einen Plan für unser Leben hat und uns bis ins kleinste Detail kennt, werden wir ihn als Ratgeber nicht außer Acht lassen, sondern ihn bewusst in unsere Entscheidungen mit einbeziehen. Zuerst müssen wir auf Nummer sicher gehen, dass unser beabsichtigter Entschluss nicht entgegen Gottes Wort und somit seinem Willen ist. Um zu wissen, wozu Gott ja sagt und wozu nein, ist es wichtig, sich regelmäßig mit

der Bibel zu beschäftigen und zu lesen. Doch leider bezieht sie nicht in allen Entscheidungsfragen des Lebens Stellung.
Aber egal, was ansteht, wir dürfen und sollen es mit Gott besprechen und Gott um Weisheit in der Entscheidung bitten. Oft eröffnet er uns neue Sichtweisen, die wir nicht bedacht haben.
Hilfreich kann auch sein, sich mit Menschen zu beraten, die reife Christen sind und zu dem Problem den nötigen Abstand haben.

Doch trotz allem - eine Entscheidung zu treffen geht häufig nicht von heute auf morgen. Besonders dann, wenn sie weitreichende Auswirkungen mit sich bringt. Hier ist es ein Weg, der Schritt für Schritt gegangen werden muss. Wenn wir Gott bitten, dass er die Weichen stellt, und anhand seines Wortes geprüft haben, ist es gut, sich für einen Weg zu entscheiden und loszugehen. Immer im Vertrauen, dass Gott führt, indem er Türen öffnet und andere schließt.
Allzu langes Stillstehen und Auf-der-Stelle-Treten verhindert ein Vorankommen. Ein stehendes Auto kann Gott nicht lenken. Wir dürfen und sollen Schritte gehen, aber immer in Tuchfühlung mit Gott. So kann er uns führen und unsere Wege, wenn nötig, korrigieren.

Psalm 32,8
Ich will dich lehren und dir sagen, wie du leben sollst; ich berate dich, nie verliere ich dich aus den Augen.

Sprüche 3,5-6
Verlass dich nicht auf deine eigene Urteilskraft, sondern vertraue voll und ganz dem Herrn! Denke bei jedem Schritt an ihn; er zeigt dir den richtigen Weg und krönt dein Handeln mit Erfolg.

7. Lied
Gott zeigt mir den Weg

6| Manchmal kann ich mich selbst nicht leiden

Auf dem Weg zu einem gesunden Selbstwertgefühl

Psalm 139,13-16

Du hast mich geschaffen - meinen Körper und meine Seele, im Leib meiner Mutter hast du mich gebildet. Herr, ich danke dir dafür, dass du mich so wunderbar und einzigartig gemacht hast! Großartig ist alles, was du geschaffen hast - das erkenne ich! Schon als ich im Verborgenen Gestalt annahm, unsichtbar noch, kunstvoll gebildet im Leib meiner Mutter, da war ich dir dennoch nicht verborgen. Als ich gerade erst entstand, hast du mich schon gesehen. Alle Tage meines Lebens hast du in dein Buch geschrieben - noch bevor einer von ihnen begann!

Ablauf

1. Einführung (1-2 Minuten)
2. Selbstportrait (je nach Malutensilien 10-15 Minuten)
3. Test: Wie steht es um mein Selbstwertgefühl? (ca. 5 Minuten)
4. Impuls (ca. 5 Minuten)
5. Kleingruppen (ca. 25-30 Minuten)
6. Plenum (ca. 15 Minuten)
7. Anspiel: Selbstbewusstsein für Anfängerinnen (ca. 10 Minuten)
8. Lied: Vergiss es nie (ca. 3 Minuten)

1. Einführung ins Thema

Wie sieht es mit unserem Selbstbild aus und demnach mit dem Selbstwertgefühl? Unsere Geschichte ist wie ein unvollendetes Gemälde. Erfahrungen aus der Kindheit und dem weiteren Leben haben mit kräftigen Pinselstrichen am Selbstbild gezeichnet. Die Leinwand ist die innere Struktur, die jeder durch Erbanlagen mit ins Leben bringt. Empfangene Liebe, gewachsenes Vertrauen, aber auch Verletzungen und negative Erlebnisse haben uns geprägt und sind bildhaft auf dieser „Leinwand" festgehalten. So entstehen die unterschiedlichsten Persönlichkeitsbilder, die Menschen von sich haben.

2. Selbstportrait

Jede Frau ist aufgefordert, ein Selbstportrait zu malen: Wie sehe ich mich selbst? (Aussehen, eventuell Befindlichkeit, Merkmale ...)

3. Test: Wie steht es um mein Selbstwertgefühl?

Die Teilnehmerinnen erhalten einen Test (siehe Vorlage unten) und füllen ihn für sich aus. Die Auswertung wird auf die Rückseite kopiert.

Wie steht es um mein Selbstwertgefühl?

0 (stimmt nicht), 1 (stimmt teilweise), 2 (stimmt meist) oder 3 (stimmt voll)

1. Ich vergleiche mich oft mit anderen.
2. Andere können meine Gefühle leicht verletzen.
3. Die Anerkennung der anderen ist mir sehr wichtig.
4. Ich fühle mich oft von anderen angegriffen.
5. Aus Angst vor einem Misserfolg tue ich lieber nichts.
6. Ich muss immer alles 110%ig machen.
7. Was andere von mir denken, ist sehr wichtig für mich.
8. Ich habe Angst, mein wahres Ich zu zeigen.
9. Ich will es anderen immer recht machen.
10. Ich kann anderen nur schwer etwas abschlagen.
11. Ich beneide andere oft um ihren Erfolg.
12. Ich komme mir oft ungeliebt vor.
13. Ich muss mir und anderen stets etwas beweisen.
14. Ich mache wir wegen meiner Fehler oft Selbstvorwürfe.
15. Ich kann Komplimente nur schwer annehmen.
16. Ich habe oft das Gefühl, versagt zu haben.
17. Ich habe oft Schuldgefühle.
18. Ich bin häufig niedergeschlagen und deprimiert.
19. Ich mache mir häufig Sorgen um mein Aussehen.
20. Ich hasse es, schwach zu sein.
21. Sich eine Blöße zu geben, ist schlimm.
22. Ich verdiene es, dass es mir schlecht geht.
23. Wenn andere von mir sprechen, sprechen sie bestimmt schlecht von mir.
24. Ich schaue nicht gern in den Spiegel.
25. Ich versuche meine Fehler und Schwächen vor anderen zu verbergen.
26. Wenn ich mich mit anderen vergleiche, dann schneide ich immer schlecht ab.
27. Ich ärgere mich häufig über mich.
28. Ich zweifle häufig an mir und meinen Fähigkeiten.
29. Ich mache mir häufig Sorgen um mein Äußeres.
30. Ich verlange von mir, immer alles richtig machen zu müssen.

Auswertung

0 bis 10 Punkte: Ihr Selbstwertgefühl ist sehr gut und Sie sind vermutlich ziemlich ausgeglichen. Ein gutes Ergebnis!

11 bis 30 Punkte: Ihr mangelndes Selbstwertgefühl hindert Sie in manchen Lebensbereichen, sich voll zu entfalten. Sie können ihr Wohlbefinden steigern, indem Sie Ihr Selbstwertgefühl noch verbessern.

31 bis 60 Punkte: Ihnen kann eine große Portion mehr Selbstwertgefühl nicht schaden. Aber noch ist es nicht zu spät! Wenn Sie daran arbeiten, Sie Selbstwertgefühl zu verbessern, werden Sie erleben, dass Sie mehr aus Ihrem Leben machen können. Holen Sie sich Rat!

61 bis 90 Punkte: Sie besitzen sehr wenig Selbstwertgefühl und Selbstvertrauen. Doch auch wenn Ihnen Ihr Leben wenig glücklich und gut vorkommt, sollten Sie die Hoffnung auf keinen Fall aufgeben! Es wird viel Zeit und Arbeit erfordern, aber Sie können Ihr Selbstwertgefühl und Selbstvertrauen steigern.

4. Impuls

Welches Bild habe ich von mir? Selbstwahrnehmung ist nicht einfach. Kaum ein Mensch kennt sich wirklich gut. Das Selbstbild ist meist entweder zu positiv oder zu negativ, weil die Distanz zur Objektivität fehlt.
Hilfreich ist es, sich immer wieder zu reflektieren und zu prüfen. Nur so ist eine Korrektur und eine realistische Selbsteinschätzung möglich. Sich immer wieder im Spiegel mit allen Flecken und Runzeln zu betrachten hilft, ein möglichst klares Bild des Gesichts zu bekommen.
Noch viel mehr müssen wir dies mit unserem inwendigen Menschen machen. Wir sollen ihn im Spiegel Gottes betrachten. Gottes Wort ist dieser Spiegel. In ihm wird uns gezeigt, wie er den Menschen sieht.

Ich bin nicht durch Zufall entstanden und nicht nur ein Produkt der Gene meiner Eltern. Ich bin ein Gedanke Gottes, eine Frau, die von Gott geschaffen und gewollt ist. Psalm 139,13-16 spricht davon: *Du hast mich geschaffen - meinen Körper und meine Seele, im Leib meiner Mutter hast du mich gebildet. Herr, ich danke dir dafür, dass du mich so wunderbar und einzigartig gemacht hast! Großartig ist alles, was du geschaffen hast - das erkenne ich!*

Schon als ich im Verborgenen Gestalt annahm, unsichtbar noch, kunstvoll gebildet im Leib meiner Mutter, da war ich dir dennoch nicht verborgen. Als ich gerade erst entstand, hast du mich schon gesehen. Alle Tage meines Lebens hast du in dein Buch geschrieben - noch bevor einer von ihnen begann!

Gott lädt uns ein, zu uns selbst, unserem Aussehen, Körper, Gaben und Grenzen „Ja" zu sagen und uns so anzunehmen, wie wir sind. Vergleichen ist nicht hilfreich, auch wenn die optische Konkurrenz und der Einfluss der Medien immer wieder dazu animieren. Unsere Andersartigkeit ist von Gott gewollt. Wir alle sind Unikate Gottes. Wenn wir kein „Ja" zu uns selbst finden, leben wir in seelischer Disharmonie. Statt sich mit anderen zu vergleichen geht es darum, seinen eigenen Wert zu erkennen. Die Frage ist nicht „Was kann ich nicht so gut oder besser als andere?", sondern „Was kann ich?". Statt zu jammern „Ich wäre so gerne wie ..." gilt es manches zu überdenken:

Wer bin ich?
Wo sind meine Wurzeln?
In welcher Geschwisterkonstellation wurde ich geboren?
Welche Persönlichkeit habe ich?
Habe ich ein „Ja" zu mir selbst, meinem Charakter, Temperament, Körpergewicht, zu meinen Gaben und Grenzen, meinen Lebensumständen und auch meiner familiären Situation?

Gott hat dieses „Ja" zu mir! Es ist bedingungslos. Wenn Gott „Ja" sagt, soll ich kein „Aber" dahintersetzen, sondern dieses „Ja" mir zu eigen machen.

5. Kleingruppen

Gesprächsangebote für drei Gruppen:
Gruppe 1: **Wie entwickelt sich das Selbstwertgefühl?**
Gruppe 2: **Minderwertigkeitsgefühle und wie sie sich äußern**
Gruppe 3: **Was zum Vollwert hilft**

Gruppe 1: Wie entwickelt sich das Selbstwertgefühl?
Jeder Mensch hat das Bedürfnis, einen Wert zu haben, wertvoll zu sein. Meinen Wert erfahre ich aber erst durch ein Gegenüber, indem mir jemand Wertschätzung zeigt. Der kleine Säugling erfährt Zuwendung und Zärtlichkeit durch seine Eltern. Er spürt, dass er geliebt und ein wichtiges Mitglied der Familie ist. Es ist gut, wenn sich dieses Gefühl in der Kindheit verfestigt. Der Vater spielt bei der Bestätigung seiner Kinder eine Hauptrolle. Er vermittelt durch sein „Ja", durch seine Bestätigung, durch echten Vaterstolz und durch

die Freude an seinen Kindern eine innere Sicherheit, das Bewusstsein, in dieser Welt willkommen zu sein. Der Selbstwert eines Kindes entwickelt sich über die empfangene, erlebte Bejahung und Bestätigung durch die Familie, durch Freunde, in der Schule, in der Lehre. Das Kind nimmt den Wert auf und an, den man ihm gibt. Es macht die Sicht der anderen zu seiner Sicht. Das hat Konsequenzen für das ganze Leben.

Drei Dinge beeinflussen unser Selbstwertgefühl besonders stark - oder drei Lügen, die wir glauben:

1. Die Gesellschaft will uns einimpfen, dass der Wert des Menschen von seiner Leistung abhängt. Leistung wird durch Komplimente, Liebe, Geld, Zuwendung, Anerkennung, Süßigkeiten belohnt. Wenn gute Leistungen ausbleiben, bleibt auch die Anerkennung aus.
Welche Leistungsbotschaften sind uns eingetrichtert worden?

2. Der geflügelte Ausdruck „Haste was, dann biste was" will uns einflößen, dass der Wert des Menschen von seinem Besitz abhängt. Geld und Besitz scheinen unglaublich wichtig. Das Selbstwertgefühl vieler hängt an ihrem Kontostand, an ihrer Kleidung, Schönheit, Bildung und an Statussymbolen.
Wie viel meiner Energie, Zeit und Gedanken fließt in den Erweb und Erhalt dieser Äußerlichkeiten?

3. „Dein Wert wird dadurch bestimmt, wie wertgeachtet du von der Gesellschaft bist." Wie wichtig ist, was andere über uns sagen und denken? Wir möchten gut dastehen und sind ständig bemüht, uns anzupassen, beliebt zu sein. Echt und ehrlich zu sein, kann andere vor den Kopf und damit abstoßen. Je schwächer das Selbstwertgefühl ist, desto stärker orientieren wir uns nach außen.
Wie fein sind unsere Antennen ausgefahren, um mitzubekommen, was andere über uns sagen und denken; wie beliebt und anerkannt sind wir?

Fragen, um ins Gespräch zu kommen
Wie entwickelt sich das Selbstwertgefühl?
Welche Faktoren spielen dabei eine Rolle?
Drei Faktoren wirken sich besonders auf unser Selbstwertgefühl aus:
- *zu 1: Welche Leistungsbotschaften sind uns eingeflößt worden?*
- *zu 2: Wie viel meiner Energie, meiner Zeit und Gedanken fließt in den Erwerb und Erhalt dieser Äußerlichkeiten?*
- *zu 3: Wie fein sind unsere Antennen ausgefahren, um mitzubekommen, was andere über uns sagen und denken?*

Gruppe 2: Minderwertigkeitsgefühle und wie sie sich äußern
Acht typische Verhaltensweisen bei Minderwertigkeitsgefühlen:

Angeben und Übertreiben
Durch das Vorzeigen von Prestigegegenständen nach dem Motto „Haste was, dann biste was" wird Aufmerksamkeit und Bewunderung auf sich gezogen. Ebenso stellt das Übertreiben von Erlebnissen den Versuch dar, sich und sein Leben interessanter wirken zu lassen. Untertreiben ist zwar das Gegenteil von Angeben, verfolgt aber das gleiche Ziel. Man sucht die Bestätigung anderer. Wer sich schlechter darstellt, als er in Wirklichkeit ist, fordert die anderen damit heraus, ihn wieder ins rechte Licht zu rücken: „Das kannst du doch, da bist du gut."

Perfektionismus
entspringt oft dem Wunsch, sich besser und schöner darzustellen. Ich versuche alles möglichst fehlerlos zu machen, damit keine Schwäche und Blöße nach außen sichtbar wird. Ich umgebe mich dadurch mit einem Panzer, der mich unangreifbar für andere macht.

Leistungszwang
Ich beweise mir und anderen, dass ich etwas kann, und versuche, die selbst empfundene Minderwertigkeit dadurch abzustreifen. Ich hole mir Anerkennung anderer auf dem Weg harter Arbeit, Einsatz und Fleiß und dem Erfolg, der daraus entsteht.

Pleasen
ist eine angenehme Form, seine Minderwertigkeit zu verstecken und sich bei anderen beliebt zu machen. Das Wort stammt vom Englischen „bitte" und drückt ein Gefälligsein, ein Nettsein aus. Es bewirkt ein freundliches „Ja-Bitte-Sagen", das möglichst niemandem in die Quere kommen möchte und keine Konturen aufweisen will, an denen sich andere reiben oder aufregen könnten. „Pleaser" geben allen ringsum Recht und richten sich selbst nach der Meinung anderer.

Übergroße Hilfsbereitschaft
Die Motivation dazu kann in Minderwertigkeitsgefühlen liegen. Durch das Helfen diene ich anderen und bekomme für sie einen Wert. Sie sind auf mich angewiesen. Ich erhalte über meine Hilfe Liebe und Anerkennung, echte Wertschätzung und kann damit meinen Hunger stillen.

Rückzug
kann ebenfalls mit Minderwertigkeit zu tun haben. Ich will mich niemandem zumuten, will mich nirgends aufdrängen. Wer mich näher kennen lernt, wird dann doch nur enttäuscht sein. Darum gehe ich besser auf Distanz.

Rechthaberei und Kritiksucht
können ebenfalls ihre Wurzeln in der Minderwertigkeit haben. Es ist eine „Ich-bin-besser-als-du-Haltung", die es nicht ertragen kann, im Unrecht zu sein, weniger zu sein. Darum werden andere verbal angegriffen, kleiner gemacht, wird um das Rechthaben gestritten. Im Grunde steckt auch hier die Angst dahinter, meinen Wert zu verlieren, ein Nichts zu sein, wenn mein eigenes Klein- und Geringsein zum Vorschein käme.

Fragen, um ins Gespräch zu kommen
Kommen uns solche Formen von Minderwertigkeitsgefühlen bekannt vor?
Welche Strategie ist wohl am häufigsten anzutreffen?
Bevorzugen wir selbst die eine oder andere Verhaltensweise?

Gruppe 3: Was zum Vollwert hilft
Es braucht Mut, echte Demut, sich selbst anzunehmen. Wir müssen aufhören, uns mit anderen zu vergleichen. Es ist nicht hilfreich, ein schönes Idealbild von sich selbst im Herzen zu tragen. Denn dieses Idealbild bleibt unerreichbar. Unzufriedenheit ist so vorprogrammiert. Das kann zur inneren Rebellion und Selbstablehnung führen. Rebellion ist häufig gegen Gott gerichtet, nach dem Motto: Gott ist schuld, er hätte mich auch anders machen können.

Mich selbst annehmen heißt ...

... Ja sagen dazu, dass ich ein Mensch bin.
Mensch sein heißt, dass ich die Befreiung aus der Selbstumdrehung nötig habe. Ich brauche einen, der mich wieder zur Lebensquelle zurückbringt. Jemanden, der mir einen bleibenden Lebenswert schenkt, unabhängig davon, was ich bin und leiste und tue. Der Glaube an Jesus Christus bewirkt, dass ich mich nicht mehr auf mich selbst verlassen muss, sondern mich auf ihn stützen und in Anspruch nehmen kann, was er für mich getan hat, weil ich ihm so wertvoll bin.

... Ja sagen zum Schöpfungswerk Gottes mit mir.
Ich bin nicht durch Zufall entstanden und bin nicht nur ein Produkt der Gene

meiner Eltern. Ich bin ein Gedanke Gottes, eine Frau, die von Gott geschaffen und gewollt ist. Psalm 139,13-16 spricht davon: Du hast mich geschaffen - meinen Körper und meine Seele, im Leib meiner Mutter hast du mich gebildet. Herr, ich danke dir dafür, dass du mich so wunderbar und einzigartig gemacht hast! Großartig ist alles, was du geschaffen hast - das erkenne ich! Schon als ich im Verborgenen Gestalt annahm, unsichtbar noch, kunstvoll gebildet im Leib meiner Mutter, da war ich dir dennoch nicht verborgen. Als ich gerade erst entstand, hast du mich schon gesehen. Alle Tage meines Lebens hast du in dein Buch geschrieben - noch bevor einer von ihnen begann! Gott lädt uns dazu ein, Ja zu sagen zu uns selbst, unserem Aussehen, unserem Körper, unseren Gaben und Grenzen und uns so anzunehmen, wie wir sind.

... Ja sagen zu meiner Lebenssituation.
Wir alle wurden in unserer Kindheit geprägt. Manches lief schief. Wir konnten uns die Lebensumstände, in die wir hineingeboren wurden, nicht aussuchen. Es war einfach so und wir mussten uns arrangieren. Wenn Schmerz und Leid uns geprägt haben, dürfen wir all das vor Gott beklagen. Doch das Nachtragen und Festhalten von Schuld schadet nur uns selbst, wir werden dadurch bitter und kommen nicht von unseren inneren Verletzungen los. Gott möchte die Verletzungen heilen, uns weiterführen, verändern, erneuern. Darum ist Vergebung ein wichtiger, notwendiger Schritt. Genauso ist es mit schwierigen Umständen der Gegenwart.

... mich nicht mehr über mich schämen.
Jeder hat Dinge in seinem Leben, für die er sich schämt; Situationen, in denen wir uns verachtet fühl(t)en. Doch Scham bringt Selbstverachtung. Sie hält uns fest im alten Denken über uns. Wir trauen uns dann nicht mehr, etwas Neues zu wagen und über uns zu denken.

... den Wert, den Gott mir gibt, glauben und annehmen.
Ich muss mir nicht mehr selbst durch alle möglichen Anstrengungen einen Wert verschaffen. Ich habe meinen Wert von Gott geschenkt bekommen. Gott hat Sehnsucht nach dem Menschen. Er wollte ihn als Freund, als Gegenüber. Eine herzliche, innige Beziehung sollte das Verhältnis Gottes zum Menschen sein. Ich bin also wertvoll in seinen Augen. Man kann sich ein Geldstück vorstellen, jedoch ohne Prägung. Es hat somit nur den Eigenwert des Materials, sei es Gold, Silber oder Metall. Aber nun wird der Prägewert darauf gepresst. Das verändert den Wert total! Jetzt erst wird es wertvoll. Gott prägt mein Leben mit seinem Wert und ich bin damit für ihn sehr kostbar.

Fragen, um ins Gespräch zu kommen

Sind die Tipps anwendbar?

Was kann nun wirklich helfen, von Minderwertigkeitsgefühlen loszukommen?

---

6. Plenum

Jede Gruppe kann kurz über ihre Gesprächsinhalte berichten.
Nach jedem Bericht sollte Zeit gegeben werden, um sich im Plenum darüber auszutauschen (pro Gruppe ca. 5 Minuten oder länger).

Die Tipps der dritten Gruppe werden für jede Teilnehmerin zum Mitnehmen kopiert und verteilt.

7. Anspiel: Selbstbewusstsein für Anfängerinnen

Das Anspiel wird von zwei Frauen (Teilnehmerinnen oder Leiterinnen) vorgelesen. Zum Schluss wird Psalm 139,13-16 ausgeteilt und über jedes Portrait (s. Punkt 2) geklebt.

A: Ich hoffe, Sie sind satt geworden ...

B: DU jedenfalls bist es wohl eindeutig, so viel, wie du gegessen hast ...

A: Also wirklich: Was ist nur los mit dir? Ich erkenn dich gar nicht wieder! Du bist doch sonst nicht so! Zunächst machst du mich ständig an, beim Buffet isst du wie ein Vögelchen mit Magenproblemen, kommentierst aber ständig die Teller deiner Mit-Esserin ... Das ist doch nicht normal!

B: *(leicht verlegen)* Man wird ja wohl noch mal etwas auf seine Gesundheit achten dürfen. Und es ist eigentlich ein Zeichen von Sorge für den anderen, ihn auf Fehler hinzuweisen.

A: Du sorgst nicht, du nörgelst!

B: Ich nörgel gar nicht! Ich sage meine Meinung!

A: Quatsch! Ich versteh das nicht. Du bist jetzt schon zwei Wochen so. Was ist denn passiert?

B: Gar nichts! O.K., doch: Wir hatten Klassentreffen.

A: *(irritiert)* Ach ja? Und ging da der Nörgelvirus um?

B: Nö, meine alten Klassenkameradinnen Tine und Heidi. Die hättest du mal erleben sollen: Alles perfekt. Figur perfekt, Make-up und Kleidung perfekt, Haare wie in der Gard-Werbung - perfekt, Familie perfekt, Karriere perfekt: Die konnten alles unter einen Hut bringen. Ich kam mir vor wie „die Schönen und das Biest" - wobei meine Rolle nicht die der Schönen war ... Und ich? Im Vergleich zu ihnen hab ich echt nicht viel zu bieten. Figur: Make-up nur, wenn ich in der morgendlichen Hektik Zeit habe.

Familie: Mein Sohn ist beim Rauchen auf dem Schulklo erwischt worden, dabei ist er erst 7! Und ich komme ganz schön ins Schleudern, wenn ich meinen 400-Euro-Job mit Garten, Haus und den zwei Kindern unter einen Hut bringen will. Meine Ehe ist ja halbwegs o.k., aber Tine hat von ihrem Mann eine romantische Reise nach Venedig zum Hochzeitstag bekommen - und ich ein Bügeleisen! Das sagt doch wohl alles! *(nimmt einen Zettel aus der Tasche und liest laut Psalm 139 vor)* Wenn's danach geht, bin ich wohl wirklich nicht sehr selbstbewusst. Ich stell mich niemals nackt vor den Spiegel (nebenbei: Die Idee finde ich auch reichlich skurril).

A: Wie ist es denn mit „Ich danke dir, dass ich wunderbar gemacht bin!"?

B: Na ja, ich glaube schon, dass Gott mich geschaffen hat. Aber im Moment bin ich nicht vollkommen überzeugt, dass ich zu seinen Meisterstücken gehöre.

B: Du hast mich geschaffen, du kennst all meine Gedanken, keiner meiner Wege geht an dir vorbei ... manchmal ist das schwer zu glaube, findest du nicht?

A: Ja, manchmal ist es schwer zu glauben. Trotzdem: Gott hat dich gemacht, und mich - und Sie alle auch. Und wir sind keine Zufallsprodukte - Gott hat uns gewollt. *(tritt einen Schritt vor und liest folgenden Text)*

Geschenke

Du bist ein Geschenk Gottes an die Welt.
Vielleicht nicht so fein eingepackt,
vielleicht findest du dich nicht so nützlich
wie andere Geschenke
oder so schön oder so wertvoll ...
Aber du bist mit viel Liebe ausgesucht
und gerade du hast der Welt noch gefehlt.
Gott verschenkt keinen Ramsch,
sondern von ihm selbst
gefertigtes „Kunsthandwerk" -
Unikate, Einzelstücke.
Du bist als Geschenk gedacht:
Als etwas, jemand, an dem andere
ihre Freude haben, genauso,
wie dein Schöpfer Freude an dir hat
und stolz ist über sein Werk.
Was kannst du jetzt tun?
Halte dich nicht fest!
Verschenke dich,
gib dich aus der Hand
und vertrau dich dem Vater an,

der gerne gibt.
Er hat den Wunsch,
dich dorthin zu geben,
wo du ein Geschenk sein kannst
und beschenkt wirst.
Hab keine Angst.
Lass dir eine Schleife umbinden!
Lebe wie ein Geschenk -
mit dem Bewusstsein deines Wertes
und deines Auftrages.
(Gott hat sich das viel kosten lassen - seinen Sohn.)
Lass dir zeigen und zeig es der Welt,
was es bedeutet,
vom Vater aller Gaben zu kommen.

B: Du hast ja recht. Leicht ist es trotzdem nicht immer.
A: Stimmt. Aber es lohnt sich trotzdem, sich darauf einzulassen.

(© Karin Ackermann-Stoletzky, aus: Genießen; Ideen und Impulse für missionarische Frauenkreise Band 22, Bibellesebund 2005)

8. Abschluss

Mit dem Bewusstsein, dass Gott uns bedingungslos liebt, ist es möglich, ein positives Selbstbild zu entwickeln. Ein gesundes Selbstwertgefühl ist bleibend nur möglich, wenn wir es nicht an vergänglichen Werten festmachen, sondern an Gottes bleibendem „Ja".

Lied: Vergiss es nie, dass du lebst

7| Ordnung erhält die Welt

von Ordnung und Harmonie

Hesekiel 11,19-20
Ich will ihnen ein anderes Herz und einen neuen Geist geben. Ich nehme das versteinerte Herz aus ihrer Brust und gebe ihnen ein lebendiges Herz. Dann werden sie nach meinen Weisungen leben, meine Gebote wieder achten und befolgen. Sie werden mein Volk sein, und ich werde ihr Gott sein.

Ablauf
1. Einführung (max. 5 Minuten)
2. Redewendungen (ca. 5 Minuten)
3. Gespräch über Ordnung (ca. 10 Minuten)
4. Mobile (max. 5 Minuten)
5. Mobile basteln (ca. 30 Minuten)
6. Kleingruppen (ca. 30 Minuten)
7. Plenum (max. 15 Minuten)
8. Impuls (ca. 5 Minuten)

1. Einführung

Ordnung ist das halbe Leben. Aber wer mag schon gern halbe Sachen? Ist Übersichtlichkeit wirklich so wichtig? Macht Ordnung nicht die Kreativität und Spontaneität zunichte?

Nein. Sie hilft, den Alltag besser zu bewältigen und den Zeitfresser „Suche“ zu minimieren. Ordnung ist sozusagen die Basis zur Ausgewogenheit und das Gegenteil von Durcheinander. Doch Achtung: Übertriebener Ordnungssinn geht leicht in Pedanterie über und kann zwanghafte Formen annehmen.

Der Volksmund sagt „Ordnung ist das halbe Leben“. Was aber ist mit der anderen Hälfte? Ein Halbes ist nie etwas Ganzes. Wesentliches fehlt, um rund und harmonisch funktionieren zu können. Was macht das Leben ganz? Was macht es rund?

Die zwei Aspekte der Ordnung werden beleuchtet. Dazu gibt es noch viele konkrete Tipps, mehr Ordnung in das Leben zu bekommen.

2. Redewendungen

Vor Beginn des Treffens werden Redewendungen unter die Stühle geklebt (Beispiele siehe unten). Die Teilnehmerinnen werden aufgefordert, unter ihre Plätze zu schauen. Wer einen Zettel findet, soll ihn vorlesen.

-- -----

Wer Ordnung hält, ist nur zu faul zum Suchen.
Bei mir herrscht Ordnung: ein Griff und die Sucherei geht los.
Wo ich bin, ist das Chaos - aber ich kann nicht überall sein.
Ordnung führt zu allen Tugenden. Was aber führt zur Ordnung?
Vom höchsten Ordnungssinn ist es nur ein Schritt zur Pedanterie.
In einem aufgeräumten Zimmer ist auch die Seele aufgeräumt.
Außen hui und innen pfui.
Ordnung ist das halbe Leben. Aber wer mag schon halbe Sachen?

-- -----

3. Gespräch über Ordnung

Die Teilnehmerinnen führen im Plenum ein Gespräch zu folgenden Fragen:

Was ist Ordnung?
Wie viel Ordnung braucht der Mensch?
Welche Ordnungen benötigen wir wirklich? Hinweis für die Mitarbeiter: Die Zehn Gebote sind Hilfestellungen, um im Miteinander gute Ordnungen zu finden.
Wer legt diese Ordnungen fest? Hinweis für die Mitarbeiter: Gott, er bleibt konstant.

4. Mobile

Anhand eines Mobiles, das zuerst geordnet auf einem großen Holzbrett liegt, soll das Thema Ordnung auf der einen Seite und Bewegung/Flexibilität auf der anderen Seite verdeutlicht werden.

Material

- Brett in Größe des Mobiles
- mehrstufiges Mobile

Das Mobile liegt auf dem Brett.
Um Ordnung zu veranschaulichen, kann das Bild eines Mobiles helfen. Schaut man es sich so an, also in der Ordnung, kann man auch der anderen Seite auf

die Spur kommen: Das liegende Mobile ist eine Verbindung verschiedener Dinge. Die einzelnen Teile sind aufeinander abgestimmt. Die Stäbchen geben dem Mobile den Rahmen. Die Fäden verbinden alles und bestimmen das Zusammenspiel über die Gewichtsverhältnisse und Abstände. Doch es ist starr. Es bewegt sich nicht. Ordnung ist zwar vorhanden, aber es fehlt das Wesentliche.

2: Das Mobile wird aufgehängt.
Es ist noch dasselbe Mobile, doch etwas Entscheidendes ist anders: Es hängt im freien Raum. Es beginnt zu leben. Die Figuren starten ihr Zusammenspiel von Ordnung und Bewegung in der Freiheit. Wäre es nicht flexibel, würde es starr an der Decke hängen und sich immer nur um sich selbst drehen. Hier wird die andere Seite sichtbar: Was zur Ordnung unbedingt dazugehört, um sie zu einer runden, ganzen Sache werden zu lassen, ist die Freiheit, Bewegung und Flexibilität. Aber vor allem der Halt gebende Faden, an dem alles aufgehängt ist. Ohne diese Aufhängung würde das Mobile seine Bestimmung verfehlen.

(nach einer Idee von Britta Laubvogel aus: „Ordnung ist das halbe Leben", Arbeitsgemeinschaft biblische Frauenarbeit, Hohenahr, Ausgabe Mai 2000)

5. Mobile basteln

In jedem Bastelgeschäft gibt es wunderschöne Anleitungen für Mobiles. Auch im Internet finden sich viele gute Ideen.

Material

- Vorlagen für Motive
- Tonpapier in den gewünschten Farben
- Cutter, Unterlagen
- feine Papierscheren oder Nagelscheren
- Nadel und Faden
- Schaschlikspieße
- Klebstoff, um Fäden zu fixieren

6. Kleingruppen

Gruppen zu je drei bis fünf Teilnehmerinnen formieren sich durch ein Zuordnungsspiel: Das Bild eines Mobiles wird mehrmals kopiert und in je drei bis fünf verschiedene Teile geschnitten. Die Frauen mit den zueinander passenden Teilen bilden gemeinsam eine Gruppe.

Gruppe 1: **Die Wohnung entrümpeln und die Seele aufräumen**
Gruppe 2: **Das Leben entrümpeln**
Gruppe 3: **Den idealen Schrank finden**
Die Gruppen sollen sich zu dem jeweiligen Themenbereich austauschen und praktische Tipps erarbeiten, wie dort Ordnung geschaffen und gehalten werden kann. Als Anregung erhalten sie einige Informationen und Stichworte sowie einen Gesprächsleitfaden (siehe unten). Die Tipps werden auf einem Plakat zusammengetragen.

Material
- Infomaterial für die Gruppen (siehe Vorlagen unten)
- Zeichenblockpapier DIN A3 (für Tipps) und Stifte

Gruppe 1: Innen- und Außenleben neu in Schuss bringen

Allgemeines Gespräch über Ordnung
Wie wichtig sind mir meine Ordnungen?
Wie starr sind sie?
Bin ich noch flexibel? (Wie reagiere ich, wenn ich durch einen Überraschungsgast zum Beispiel beim Putzen gestört werde?)

Themenbezogenes Gespräch über das Entrümpeln von Innen- und Außenleben: Jetzt soll das Ordnungsthema praktisch angegangen werden. Die Gruppe erarbeitet gemeinsam Tipps für mehr Ordnung.

Aufgabe: Die drei wichtigsten Tipps auf ein großes Plakat schreiben und im Plenum vorstellen.

<u>*Tipps zum Entrümpeln der Wohnung und der Seele*</u>
Unsere Wohnung oder unser Haus kann als Bild für unsere Seelenlandschaft dienen. Der Zustand des Heims entspricht der inneren Verfassung. Vollgestopfte, chaotische Wohnräume belasten und beschweren den Alltag und letztlich die Persönlichkeitsentwicklung. Mit wenig Aufwand kann durch Entrümpeln neuer Schwung ins Leben gebracht werden:

Der Keller - Vergangenheit und Unbewusstes
Ist der Keller in chaotischem Zustand? Kommt man nur nach einer Wegräumaktion an die Werkzeug- oder Sprudelkiste? Wir werfen nie etwas weg, denn

es könnte ja noch nützlich sein? Unaufgeräumte Sachen, die den Keller oder Abstellraum ausfüllen, sind ein Symbol für ungelöste Aufgaben und Fesseln an die Vergangenheit. Diese „Vergangenheit" sollte einmal betrachtet werden mit dem Ziel, sich von dem einen oder andern zu verabschieden.
Hilfreich ist, dort nur Dinge zu lagern, die wenigstens alle ein bis zwei Jahre gebraucht werden, und zwar so, dass jeder Gegenstand direkt erreichbar ist. Material, das länger als fünf Jahre nicht mehr in Gebrauch war, wird auch nicht mehr benötigt. Trennen Sie sich davon!

Der Dachboden - Ideen und Zukunft
Ein übervoller Speicher behindert die persönliche und berufliche Entwicklung und wirkt wie ein schwerer Deckel. Die abgetragenen Kleider werden zur Kleidersammlung gebracht und alte Souvenirs zum Flohmarkt oder Sperrmüll. Ist das Dach bzw. der Kopf frei, entwickeln sich neue Perspektiven. Ein ausgebautes Dachgeschoss ist übrigens der beste Raum für kreative Tätigkeiten. Es ermöglicht durch die Vogelperspektive einen besseren Überblick und umfassendere Blickwinkel.

Der Eingangsbereich - Verhältnis zu anderen Menschen
Er vermittelt einen Ersteindruck der Wohnung und sollte frei und einladend gestaltet sein. Verhindern verstellte Wege und überfüllte Garderobenständer ein weites Öffnen des Eingangs, quietscht die Tür und ist das Namensschild unleserlich, wird das Zuhause keine einladend offene Ausstrahlung haben. Leider überträgt sich dieser äußere Schein schnell auf die Person.

Das Wohnzimmer - das Zentrum/Herz
Das Wohnzimmer beeinflusst unseren inneren Zustand am meisten. Ein steriler Raum wirkt sich auf das Wohlbefinden genauso negativ aus wie ein chaotischer, verschmutzter Wohnraum. Er sollte Behaglichkeit und Wärme ausstrahlen. Dazu benötigt man einen Platz, an dem sich alle gern versammeln. Der Fernseher sollte nicht im Zentrum steht, denn er signalisiert „Fremdbestimmung" und zieht die Aufmerksamkeit auf sich.

Die Küche - der Bauch
Geschirr und Haushaltsgegenstände, die nicht benutzt werden, sind ebensolcher Ballast wie längst abgelaufene Lebensmittel. Sie zu entsorgen ermöglicht, die Fracht der Küche zu erleichtern und sich gleichzeitig auf eine gesündere und weniger kräftige Nahrung einzustellen. Alle Lebensmittel „einzutuppern" verlängert übrigens die Lagerfähigkeit und schützt vor Ungezieferbefall, der gerne auf andere Naturalien übergeht.

Gruppe 2: Das Leben von Ballast befreien

Allgemeines Gespräch über Ordnung
Wie wichtig sind mir meine Ordnungen?
Wie starr sind sie?
Bin ich noch flexibel? (Wie reagiere ich, wenn ich durch einen Überraschungsgast zum Beispiel beim Putzen gestört werde?)

Themenbezogenes Gespräch über Ballast, der sich ansammelt: Jetzt soll das Ordnungsthema praktisch angegangen werden. Die Gruppe erarbeitet gemeinsam Tipps für mehr Ordnung.

Aufgabe: Die drei wichtigsten Tipps auf ein großes Plakat schreiben und im Plenum vorstellen.

Strategien zum Entsorgen
Gerümpel belastet und bremst. Wer viel Plunder durch die Jahre rettet, benötigt Platz und Kraft, die er anderweitig einsetzen könnte. Das wirkt sich auf viele Bereiche des Lebens aus. Wer entsorgen lernt, übt sich darin Dinge nicht auf die lange Bank zu schieben, sondern rechtzeitig zu bearbeiten.

Ballast 1: übermäßige Andenken
Mit vielen gelagerten Dingen verbinden wir Erinnerungen an die Vergangenheit und halten an ihr fest. Gegenstände sind oft wertvolle Erinnerungen an liebgewonnene Menschen. Pro Person sollte nur ein besonders schönes Erinnerungsstück aufgehoben werden, so wird es noch viel bedeutungsvoller. Das schafft mehr Raum für neue Gegenstände und mehr Raum für die Zukunft.

Ballast 2: Dinge, die nicht erfreuen
So, wie geliebte Gegenstände uns erfreuen, wirkt auch der Anblick von Ungeliebtem ins Gegenteil. Entfernen wir unnütze Sachen, die wir satt haben, steigern wir damit unser Wohlbefinden.

Ballast 3: Platzmangel
Vielleicht liegt das Platzproblem gar nicht an der Sammelwut, sondern daran, dass die Familie größer geworden ist oder ihre Lebensbereiche sich ausgeweitet haben. Anfangs können gute Ordnungssysteme das Chaos überbrücken, auch ein Auslagern von kompletten Bereichen wie z.B. Büro sind eine Hilfe. Reicht das nicht aus, wird ein Umzug in etwas Größeres unumgänglich.

Ballast 4: Unerledigtes
Reparieren, aufarbeiten und zu Ende führen macht glücklich! Der tropfende Wasserhahn, der klemmende Rollladen, das abgebrochene Scharnier, die offene Rechnung, der zu machende Lohnsteuerjahresausgleich sind alles Dinge, die sich gern auf der langen Bank ansammeln und zur „Verstopfung" führen. Dieses Aufschieben kostet Energie, die besser zur Erledigung eingesetzt wäre.

Ballast 5: Altes aufbewahren
Schafft man etwas Neues an, sollte man das Alte fortgeben, verramschen oder wegwerfen. Alte Bügeleisen, Kochtöpfe, Schuhe und Kleider vermüllen mit der Zeit den Speicher. Besser ist, sie Bedürftigen weiterzugeben. Dieses sogenannte „Raus-Rein-Prinzip" hilft, dass die aufgeräumte Umgebung nicht wieder in Unordnung fällt.

Gruppe 3: Schrankordnung leicht gemacht

Allgemeines Gespräch über Ordnung
Wie wichtig sind mir meine Ordnungen?
Wie starr sind sie?
Bin ich noch flexibel? (Wie reagiere ich, wenn ich durch einen Überraschungsgast zum Beispiel beim Putzen gestört werde?)

Themenbezogenes Gespräch über Ordnung im Schrank: Jetzt soll das Ordnungsthema praktisch angegangen werden. Die Gruppe erarbeitet gemeinsam Tipps für mehr Ordnung.

Aufgabe: Die drei wichtigsten Tipps auf ein großes Plakat schreiben und im Plenum vorstellen.

Schranktipps
Ein übersichtlich gestalteter Schrank spart viel Zeit. Es lohnt sich einmal ein Wochenende und etwas Geld in die Neuordnung des Schranks zu investieren.

mehr Komfort
Nie wieder im Finstern nach dem passenden Outfit stöbern. Lämpchen aus dem Baumarkt vor oder im Schrank installiert beleuchten das Innenleben und erleichtern das Suchen. Hilfreich ist außerdem ein kopf- bis fußhoher Spiegel, der mit einem Spezialklebeband an der Innenseite einer Schranktür befestigt werden kann, vorzugsweise an der Tür, die zuerst aufgeht.

mehr Duft

Schon zu Omas Zeiten gab es den Kampf gegen alten Schrankmief. Lavendelsäckchen und ausgepackte, wohlriechende Seifenstücke zwischen die Wäsche gelegt, helfen schlechten Geruch auszumerzen. Schuhe im Kleiderschrank parfümieren den ganzen Schrank mit dem Duft nach alten Socken. Deshalb sollten sie immer separat aufbewahrt werden. Gegen Schuhduft hilft der Trick, Katzenstreu in kleine Baumwollsäckchen zu füllen und sie in die Schuhe zu stecken. Hin und wieder muss das Streu erneuert werden, um die Wirkung zu erhalten.

mehr Struktur

Große Schubladen werden mit Einsätzen unterteilt und oder man stellt einen einfachen Einstellschrank mit Schubladen aus dem Baumarkt in den Schrank. Das ermöglicht mehr Übersichtlichkeit. Alle Flächen können genutzt werden. An Türinnenseiten lassen sich gut Gürtel oder Krawatten aufhängen.

mehr Unkompliziertheit

Zusammengefaltete und korrekt aufeinander gestapelte Hemden sehen zwar schön aus, müssen aber nicht sein. Viel praktischer ist es, sie gleich nach dem Bügeln auf einen Bügel aufzuziehen und in den Schrank zu hängen. Das verhindert ein Zerknittern und erleichtert die Arbeit. Jeans wiederum müssen nicht auf einem Bügel hängen, sondern werden besser auf ein Drittel gefaltet und in Fächer gelegt. Hosen mit Bügelfalten bilden hier eine Ausnahme.

Weniger ist Mehr

Zweimal im Jahr sollte man den Schrank umräumen. Dazu kann man sich ein paar große Kleiderschachteln leisten und im Sommer die dicken Winterpullis und im Winter die leichten T-Shirts reinlegen. So hat man mehr Platz und bleibt mit der Garderobe immer auf dem Laufenden. Im Übrigen gilt auch beim Schrank die ¾-Regel aus der Büroorganisation. Ein Aktenordner wird bei 75% Befüllung schon als voll angesehen. So bleibt immer genügend Luft für Übersichtlichkeit. Auch die Regel, für etwas Neugekauftes muss etwas Altes raus, bewahrt vor Überfüllung.

7. Plenum

Jede Gruppe gibt den anderen Teilnehmerinnen ihre drei wichtigsten Tipps weiter.

Alle Anwesenden bekommen als Hilfe, auf Dauer Ordnung zu erreichen, die Haushaltsregeln ausgehändigt.

Dauerhafte Ordnung erreichen

Das physische Entropieprinzip (Naturgesetz aus der Wärmelehre) besagt, dass ohne äußere Einwirkung ein System wie von allein in immer größere Unordnung gerät. Wie aber kann man diesem Grundsatz entgegenwirken? Die Haushaltsregeln helfen nach einer großen Putz- und Ausmistaktion dauerhafte Ordnung zu halten:

Haushaltsregeln

Was ich öffne, schließe ich.

Worin ich schlafe, ordne ich.

Woraus ich trinke, spüle ich ab.

Was ich ausziehe, hänge ich auf.

Was ich anmache, schalte ich aus.

Was ich fallenlasse, hebe ich auf.

Wer weint, den tröste ich.

(Urheber konnte leider nicht ermittelt werden)

8. Impuls

Eine Spinne inspizierte stolz ihr Netz. Tagelang hatte sie mit viel Bedacht daran gewoben. Nach einem Bauplan, der seit Spinnengedenken in ihre Art hineingeprägt war. Doch sie wollte mehr als das. Ihr Streben war, das größte und formvollendetste Netz der ganzen Umgebung zu spinnen. Es sollte alle anderen an Reißfestigkeit übertreffen und die größte Ernte an Insekten einbringen. In ihrem Ehrgeiz prüfte sie das Werk, ob alle Fäden gewinnbringend platziert waren. Dabei entdeckte sie einen, der ihr überflüssig schien: er führte senkrecht nach oben. Kurzerhand biss sie ihn ab. Im nächsten Augenblick stürzte sie mit dem Gewebe in die Tiefe. Es war der Faden, an dem das ganze Geflecht aufgehängt war. An diesem Faden nach oben hing alles!

Am Faden nach oben hängt alles. An der Aufhängung unseres Lebens entscheidet sich, ob unser Tun Bestand hat. Was aber bedeutet es, das Leben am vertikalen Faden aufzuhängen? Das bedeutet: mich ganz und gar, mit allem Wenn und Aber Jesus Christus anzuvertrauen und von ihm abhängig zu machen; diese Beziehung, als die wichtigste Verbindung meines Lebens, zu pflegen und zu nähren.

Durch diese Lebensader kommen andere Bereiche meines Lebens zunehmend in Einklang. Für ein gelingendes Leben gab uns Gott seine Ordnungen. Es sind die Zehn Gebote. Wenn wir uns an sie halten und diese Gebote in unserem Leben umsetzen, ist ein harmonisches Leben möglich: Ich will ihnen ein anderes Herz und einen neuen Geist geben. Ich nehme das versteinerte Herz aus ihrer Brust und gebe ihnen ein lebendiges Herz. Dann werden sie nach meinen Weisungen leben, meine Gebote wieder achten und befolgen. Sie werden mein Volk sein, und ich werde ihr Gott sein (Hesekiel 11,19-20).
Natürlich gibt es auch chaotische Zeiten, in denen einiges aus dem Ruder läuft. Aber die Grundordnung bleibt bestehen: eine intakte Gottesbeziehung.

Allerdings müssen wir um die Erhaltung der Harmonie bemüht sein. Ohne diese Mühe gerät ein System wie von selbst in immer größeres Durcheinander (Entropieprinzip = ein allgemeines Naturgesetz, das davon ausgeht, dass sich die Unordnung der Moleküle ohne äußere Einwirkung immer vergrößert).

Gott möchte dem Menschen helfen, sein Leben im Gleichklang zu halten: Denn Gott will keine Unordnung, er will Frieden. (1. Korinther 14,33).
Gleichklang bedeutet auch, dass das Leben nicht in starren Formen und Gesetzen, sondern in Freiheit möglich ist. Wahre Freiheit heißt jedoch nicht, alles zu tun und zu lassen, was in den Sinn kommt. Wahre Freiheit ermöglicht, sich nicht von seinen Begierden und egoistischen Motiven versklaven zu lassen. Sie befähigt, wenn nötig zu warten oder zu verzichten und trotzdem zufrieden zu sein.
Das ermöglicht die vertikale Lebensverbindung.

8| Probleme meistern

Fitness fürs Leben

Psalm 18,30-33
Mit dir, mein Gott, erstürme ich Schutzwälle, mit dir springe ich über Mauern. Alles, was dieser Gott tut, ist vollkommen, was der Herr sagt, ist unzweifelhaft wahr. Wer in Gefahr ist und zu ihm flieht, findet bei ihm immer sicheren Schutz. Kein anderer als der Herr ist Gott! Nur er, unser Gott, ist ein schützender Fels! Er ist es, der mir Kraft zum Kämpfen gibt und einen geraden, gut gebahnten Weg. (nach der Gute-Nachricht-Bibel)

Römer 5,3-5
Wir freuen uns auch dann, wenn uns Sorgen und Probleme bedrängen, denn wir wissen, dass wir dadurch lernen, geduldig zu werden. Geduld aber macht uns innerlich stark, und das wiederum macht uns zuversichtlich in der Hoffnung auf die Erlösung. Und in dieser Hoffnung werden wir nicht enttäuscht werden. (nach der Übersetzung Neues Leben)

Ablauf
1. Einführung (max. 5 Minuten)
2. Der Trümmerberg (ca. 10-20 Minuten)
3. Kleingruppen (ca. 30 Minuten)
4. Plenum (ca. 15 Minuten)
5. Impuls (ca. 5 Minuten)
6. Lied (ca. 3 Minuten)

1. Einführung

Probleme sind Schwierigkeiten, Umstände oder Vorfälle, die unangenehm sind, denen wir gerne aus dem Weg gehen würden. Wir betrachten sie als hinderlich und negativ, als etwas das uns davon abhält unser Ziel zu erreichen. Probleme sind aber noch keine Krisen, denn im Unterschied dazu sind sie immer nur punktuell, nie so global und zugespitzt. Probleme, die nicht bearbeitet werden, können im Laufe der Zeit Krisen auslösen. Üben wir uns darin Schwierigkeiten anzupacken, lässt sich dadurch manch selbstverschuldete Not abwenden.
Es ist möglich diese Kompetenz zu trainieren. Indem wir uns Problemen stellen, anstatt „den Kopf in den Sand stecken", trainieren wir unsere inwendigen Muskeln und Ausdauer. Erschwernisse sind wie Gewichte im Fitnesscen-

ter, die zum Training unserer Fähigkeiten und Fertigkeiten dienen. Natürlich können Konflikte unangenehm sein und uns in den Boden drücken. Genauso geht es einem Bodybilder. Um Muskeln aufzubauen, muss er immer wieder an den Punkt seiner Belastbarkeit gehen und sogar ein klein bisschen darüber hinaus. Hebt er nur soviel, wie er mit Leichtigkeit tragen kann, bauen sich seine Muskeln nicht auf. Probleme sind die Gewichte in unserem Leben. Gehen wir ihnen aus dem Weg, bleiben wir schwach. Nutzen wir sie als Chance, werden wir belastbarer und als Folge davon nicht so schnell in Krisen geraten. Entscheidend ist auch unsere Einstellung zu Problemen. Die Denkweise gegenüber einer Sache beeinflusst zu einem großen Teil, ob wir resignieren oder uns der Herausforderung stellen und sie letztendlich auch meistern.

2. Monte Scherbelino - Der Trümmerberg

Wie sehr die Einstellung gegenüber Schwierigkeiten und Erschwernissen entscheidend ist, zeigt sich in der Geschichte von Stuttgarts Monte Scherbelino. Wir können verbittern und uns an Umständen wund reiben. Oder wir versuchen das Beste daraus zu machen und werden merken, dass etwas Gutes entstehen kann.

Als nach dem 2. Weltkrieg Stuttgart in Schutt und Asche lag, leisteten Trümmerfrauen, Enormes. Die Stadt war voll mit Ruinen, Schutt, Gesteinsbrocken, und Scherben. Ein Durchkommen war kaum möglich, so groß war die Zerstörung. Doch trotz dieser tonnenschweren Ansammlung von Stolpersteinen resignierten die Einwohner nicht. Sie machten sich an die Arbeit und schafften den Unrat nach und nach aus der Stadt an einen erhöhten Platz. Als Stuttgart von dem Schutt leer geräumt war, war der Trümmerberg auf eine beachtliche Höhe angewachsen. Erde wurde oben aufgeschichtet, Sträucher und Bäume angepflanzt sowie ein Weg angelegt. Auf dem Plateau stellten sie ein meterhohes Kreuz auf, das sinnbildlich über den Trümmern der Stadt stehen sollte.
Heute ist Stuttgarts Monte Scherbelino, wie er liebevoll genannt wird, ein beliebtes Ausflugsziel. Von hier aus hat man einen wunderbaren Ausblick weit über die Stadt, bis hin zur Schwäbischen Alb und dem Schwarzwald.

Aktion: Turm oder Gebäude aus Bauklötzen bauen
Die Teilnehmerinnen werden aufgefordert, gemeinsam einen möglichst hohen Turm oder auch ein anderes Bauwerk zu bauen.
Es besteht die Möglichkeit, in mehreren Gruppen zu arbeiten.
Die Steine liegen anfangs wie Trümmer auf einem Haufen.

3. Kleingruppen

Es werden zwei Gruppen mit etwa vier oder fünf Teilnehmerinnen gebildet. Bei vielen Teilnehmerinnen kann es auch mehrere Gruppen zu jedem Thema geben. Jede Gruppe erhält Informationen und Fragen für ein Gespräch.

Gruppe 1: **Reaktionen auf Probleme**
Gruppe 2: **Stroh zu Gold spinnen - Probleme meistern**

Gruppe 1: Reaktionen auf Probleme

Wie Menschen auf Probleme reagieren hängt von ihrer Persönlichkeit und der Einstellung zum Leben ab. Entwickelt jemand das Vertrauen, Probleme meistern zu können, wird er anders mit Schwierigkeiten umgehen als Menschen, die Erschwernisse für unüberwindbar halten.
Grob gesagt gibt es vier Arten, auf Probleme zu reagieren:

Die „Kopf in den Sand"-Methode
Stellt sich diesem Menschen eine Schwierigkeit in den Weg, reagiert er mit Rückzug und Verbitterung. Er empfindet diese Schwierigkeit als untragbar, so dass es ihn zu Boden drückt. Daran verschluckt er sich innerlich und spürt nur noch den Sand im Getriebe. Hader, Groll und Unzufriedenheit machen sich breit und enden im Selbstmitleid. Beispiel: Ein bissiger, unerzogener Hund wird zum Grund, keinen Besuch mehr zu empfangen und beim Spazierengehen anderen Menschen aus dem Weg zu gehen.

Die „Wo ist das Problem?"-Methode
Menschen mit dieser Strategie sind wahre Verleugnungskünstler. Sie wollen das Problem nicht als solches sehen, sondern machen es sich zunutze, um es nicht angehen zu müssen. Beispiel: Der bissige, unerzogene Hund wird als guter Wachhund entschuldigt. Dahinter stecken Lebensmuster wie „was geht mich das an", „das ist mir zu anstrengend", „ich möchte keine Verantwortung übernehmen". Probleme werden unter den Teppich gekehrt, bis der Haufen zu groß ist und in die Krise führt.

Die „Und bist du nicht willig, dann brauch ich Gewalt"-Methode
Diese Personen sind tatkräftige Anpacker. Sie nehmen das Problem wahr und wollen es keinesfalls ignorieren. Es veranlasst sie auch nicht zu resignieren, sondern zum Handeln. Doch die Art und Weise ihrer Bewältigung steht unter dem Motto „Der Zweck heiligt die Mittel". Diese Mittel sind dabei schlecht durchdacht und führen zu neuen Problemen. Beispiel: Der bissige Hund wird

zur Bestrafung geschlagen und in einen Zwinger gesperrt. Dadurch wird er noch aggressiver. Zorn, Verbissenheit und Hartherzigkeit machen sich breit.

Die „Stroh zu Gold spinnen"-Methode
Das Problem wird wahrgenommen und betrachtet. Menschen, die sich an dieser Methode üben, haben es sich zu eigen gemacht die „Materialbeschaffenheit" des Ärgernisses genauer zu prüfen. Sie fahnden nach der Ursache und überlegen sich, wie es gelöst werden kann. Sie haben gelernt konstruktiv mit Schwierigkeiten umzugehen. Dabei wird es möglich, dass aus zuerst wertlosem Stroh, nach der Bearbeitung, wertvolles Gold wird. Beispiel: Der bissige Hund macht bei einer Hundeschule mit dem Besitzer ein Antiaggressionstraining. Nach wochenlanger, konsequenter Übung ist der Hund zufriedenstellend erzogen und entwickelt eine Beißhemmung.

Fragen für das Gespräch
Wie reagieren Menschen, wenn sie mit Problemen konfrontiert werden?
Welche verschiedenen Möglichkeiten gibt es, mit Problemen umzugehen?
Welche Möglichkeit ist die langfristig erfolgreichste Methode, Probleme nicht zu Krisen anwachsen zu lassen, und warum?

Gruppe 2: Stroh zu Gold spinnen - Probleme meistern

Einstellung ändern
Meine Einstellung zu Schwierigkeiten entscheidet darüber, wie sehr sie mich belasten. Glaube ich, sie nicht bewältigen zu können, konzentriere ich mich automatisch darauf und verliere das Ziel, die Angelegenheit zu meistern, aus den Augen. Betrachte ich das Problem als Möglichkeit, etwas Neues zu lernen und meine Fertigkeiten zu erweitern, bewirkt dies eine konstruktive Art, die Schwierigkeit in Angriff zu nehmen.

Herausforderung annehmen
Ich entschließe mich die Belastung als Trainingsgewicht für meine innwendige Fitness anzunehmen. Ich entscheide mich, weder den Kopf in den Sand zu stecken noch vorschnell zu reagieren, sondern bin neugierig, welche Chance sich hinter dem Problem verbirgt und was ich davon haben könnte.

„Stroh" prüfen
Es bedeutet Fragen zu stellen: Was ist die Ursache und wie kam es dazu? Was habe ich damit zu tun? Seit wann besteht das Problem? Sind andere Personen

beteiligt? Lässt sich das Problem abgrenzen? Das Ziel der Prüfung ist, die Schwierigkeit mit einem Satz auf das Wesentliche zu definieren und es so greifbar zu machen.

Lösung suchen

Die Lösung muss problemorientiert sein, das heißt die Wurzel des Problems gilt es anzupacken. Alles andere wirkt nur wie der Versuch ein Trostpflaster aufzukleben. Beispiel (siehe Gruppe 1): Es nützt wenig, den schlecht erzogenen, bissigen Hund immer nur wegzusperren. Dadurch ändert sich sein Verhalten nicht. Es kommt lediglich seltener zu ärgerlichen Vorkommnissen. Um das Problem wirklich zu meistern, bedarf es einer zeitaufwendigen, konsequenten Umerziehung.

Zielorientiert

Ich muss ein Ziel formulieren, dann aber immer nur einen Schritt nach dem anderen vorwärts gehen. Um nicht mutlos zu werden ist es bei schwer zu erreichenden Zielen hilfreich, Etappen festzulegen.

Relativieren

Disziplin und Konsequenz sind wichtige Eigenschaften, die helfen Probleme zu bewältigen. Andererseits sollte ich mir auch eine gewisse Gelassenheit zu eigen machen. Halte ich mir vor Augen, dass Probleme normal sind, zu jedem Leben gehören und nicht den Weltuntergang bedeuten, kann ich ihnen die Absolutheit absprechen. Wenn ich mir dazu noch hin und wieder bewusst mache, dass andere Menschen viel schwerwiegendere Probleme haben (z.B. schlimme Krankheit, Krieg, Armut ...), verliert meines an Gewicht.

Sicherheit entwickeln

Lerne ich mich Schwierigkeiten zu stellen und sie zu bewältigen, wird wertloses Stroh zu wertvollem Gold in meinem Leben. Zusätzlich bekomme ich Tiefgang, so dass mich nicht mehr jedes Problem aus der Bahn wirft. Außerdem entwickle ich die Sicherheit auch mit anderen Hindernissen und Stolpersteinen fertig zu werden.

Fragen für das Gespräch

Wie wirkt sich unsere Einstellung auf das Problem aus?
Was bedeutet „sich dem Problem stellen“ und wie kann das aussehen?
Gibt es auch die positive Seite eines Problems? Kann aus Stroh Gold werden?

4. Plenum

Im Plenum geben die Gruppen einen kurzen Überblick über ihr Thema. Was sich im Gespräch als besonders hilfreich erwiesen hat, kann als praktischer Tipp für den Alltag weitergegeben werden.

5. Impuls

Probleme sind Bewährungsproben des Lebens, die zweierlei Auswirkungen haben können:

Manche reiben sich an ihnen wund, wie ein Löwe im Zoo: Er läuft stundenlang am Gitter auf und ab. Dabei streift er mit seinem Fell fortwährend am Zaun, bis es in Mitleidenschaft gezogen wird. Diese ständige Reibung, der intensive Gedanke, „ich muss hier raus", bewirkt ein Wundreiben an der Begrenzung. Viele Menschen reagieren in dieser Art auf Schwierigkeiten. Sie hadern, suchen verbissen nach einer Lösung, wollen die Grenze ignorieren und reiben sich an dieser Situation auf. Die Folge ist Verletzung, Verbitterung, Resignation und Hoffnungslosigkeit.

Zum Wundreiben muss es aber nicht zwangsweise kommen. Es besteht auch die Möglichkeit, durch Probleme blank poliert zu werden. Durch Reiben und Schleifen entsteht aus einem unscheinbaren Rohdiamant ein funkelnder, leuchtender Edelstein. Menschen, die Probleme so einordnen, sind auch den Reibungen des Lebens ausgesetzt, doch sie sehen die Unannehmlichkeiten als Lebensschule, durch die sie zurechtgeschliffen werden. Sie nehmen das Problem als Herausforderung an.

Probleme können uns in Glaubenszweifel stürzen oder aber in Gottes Arme treiben. Unsere Unmöglichkeiten werden dann zu Gottes Möglichkeiten. Wälle und Mauern, die sich vor uns unbezwingbar aufbäumen, sind mit Gottes Hilfe überwindbar. Wenn wir sie allein nicht bezwingen können, ist Gott wie der Stab eines Stabhochspringers, der das Überwinden ermöglicht. Wir sind nicht auf unsere eigenen Kräfte angewiesen, sondern dürfen durch unsere Lebensverbindung mit Jesus Christus die göttliche Kraftquelle anzapfen. Oft bewirken Probleme, dass wir spüren, wie sehr unsere menschlichen Mittel und Möglichkeiten beschränkt sind. Ginge uns immer alles problemlos von der Hand, würden wir uns nicht als von Gott abhängig wahrnehmen. Das wiederum hätte zur Folge, dass ein Vertrauensverhältnis, ein „Zu-Gott-Fliehen", ein „Sich-an-ihn-Hängen", überflüssig wäre. Also gilt auch hier: Probleme sind Chancen. Die Chance, im Glauben fest zu werden. Mit jedem Problem können wir unser Vertrauen auf Jesus Christus trainieren. Wir werden erkennen: Gott hat uns nicht versprochen, uns vor Schwierigkeiten zu bewahren, aber er hat versprochen uns durch diese Situationen hindurchzubegleiten, als Mentor, Trainer und Helfer.

6. Lied

Nach dem Singen des Liedes „Groß ist unser Gott“ (zum Beispiel aus Feiert Jesus 2) wird den Teilnehmerinnen die folgende Karikatur mitgegeben.

(aus: Sag es heiter mit Cartoons © Brunnen Verlag Gießen)

9 | Reden ist Silber - Schweigen ist Gold

vom Umgang mit Worten

Jakobus 3,2b.5-10

Wem es freilich gelingt, nie ein verkehrtes Wort zu sagen, den kann man als vollkommen bezeichnen. Denn wer seine Zunge im Zaum hält, der kann auch seinen ganzen Körper beherrschen. Genauso ist es mit unserer Zunge. So klein sie auch ist, so groß ist ihre Wirkung! Ein kleiner Funke setzt einen ganzen Wald in Brand. Mit einem solchen Feuer lässt sich auch die Zunge vergleichen. Sie kann eine ganze Welt voller Ungerechtigkeit und Bosheit sein. Sie vergiftet uns und unser Leben, sie steckt unsere ganze Umgebung in Brand, und sie selbst ist vom Feuer der Hölle entzündet. Die Menschen haben es gelernt, wilde Tiere, Vögel, Schlangen und Fische zu zähmen und unter ihre Gewalt zu bringen. Aber seine Zunge kann kein Mensch zähmen. Ungebändigt verbreitet sie ihr tödliches Gift. Mit unserer Zunge loben wir Gott, unseren Herrn und Vater, und mit derselben Zunge verfluchen wir unsere Mitmenschen, die doch nach Gottes Ebenbild geschaffen sind. Segen und Fluch kommen aus ein und demselben Mund. Aber genau das, meine lieben Brüder und Schwestern, darf es bei euch nicht geben!

Ablauf

1. Einführung (max. 5 Minuten)
2. Spiel zur Einstimmung (ca. 10 Minuten)
3. Impuls (ca. 5 Minuten)
4. Gespräch in Kleingruppen (ca. 30 Minuten)
5. Plenumsgespräch (ca. 20 Minuten)
6. Praktische Tipps für den Alltag (ca. 5 Minuten)
7. Lied (ca. 4 Minuten)

1. Einführung

Wie leicht gehen Wörter über die Lippen. Wir denken: Worte verfliegen und Taten bleiben. Doch das ist ein Trugschluss. Es stolpern mehr Menschen über ihre Worte als über ihre Füße. Ein Mensch redet etwa 30.000 Wörter täglich. Wenn man davon ausgeht, dass man 150 Wörter in der Minute sagt, sind das 3 Stunden und 20 Minuten, die wir täglich mit Reden verbringen. Das ist ca. ein Fünftel unserer Zeit bei 16 bis 17 Wachstunden. Welch ein großes Kapital! Doch was richten unsere Worte aus bzw. an? Worte sind und haben Macht.

2. Spiel zur Einstimmung: Wortpaar-Memory

Die unten stehenden Wörter werden auf quadratische Kärtchen geschrieben. Die Begriffe auf der linken Seite bekommen eine Farbe, die Begriffe auf der rechten Seite bekommen eine andere Farbe. Es sind Wortpaare zum Thema „Was können Worte bewirken? - Formen des Redens". Diese Kärtchen werden verdeckt und gut gemischt auf den Tisch gelegt. Die Teilnehmerinnen werden in mehrere Gruppen eingeteilt. Nun darf der Reihe nach je ein Kärtchen der zwei Farben aufgedeckt werden (Spielregeln wie bei Memory).

Ziel des Spiels

Es soll deutlich werden, dass Worte und unser Reden zum Träger von Heil und Unheil werden können.

heilen	verletzen
ermutigen	entmutigen
verbinden	trennen
Hoffnung machen	Hoffnung zerstören
gesund machen	krank machen
loben	tadeln
aufbauen	niederschmettern
in Schutz nehmen	bloßstellen
Wahrheit	Lüge
flüstern	schreien
beruhigen	beunruhigen
untertreiben	übertreiben
freundlich	unfreundlich

3. Impuls

In den Sprüchen Salomos können wir lesen, dass eine heilsame Zunge wie ein Baum des Lebens ist: Ein freundliches Wort schenkt Freude am Leben, aber eine böse Zunge verletzt schwer (Sprüche 15,4).

Wie sieht es mit unserer Zunge aus?
Wo ist unser Reden verwurzelt?
Sind wir im Wort Gottes verwurzelt?
Holen wir uns hier die Kraft und den Lebenssaft?

Verantwortliches Reden kann Brücken von Herz zu Herz und Mensch zu Mensch bauen. Wir haben die Möglichkeit, unsere Worte als Segensträger zu benutzen, dann haben sie belebende und aufbauende Kraft und werden zur heilenden Medizin.

Wie kann ein verantwortlicher Umgang mit dem Reden aussehen?
Eine gute Hilfe können hier die drei Siebe des Sokrates sein:

Die drei Siebe

Eines Tages kam ein Bekannter zum griechischen Philosophen Sokrates gelaufen.
„Höre, Sokrates, ich muss dir berichten, wie dein Freund ..."
„Halt ein", unterbrach ihn der Philosoph.
„Hast du das, was du mir sagen willst, durch drei Siebe gesiebt?"
„Drei Siebe? Welche?", fragte der andere verwundert.
„Ja! Drei Siebe! Das erste ist das Sieb der Wahrheit. Hast du das, was du mir berichten willst, geprüft ob es auch wahr ist?"
„Nein, ich hörte es erzählen, und ..."
„Nun, so hast du sicher mit dem zweiten Sieb, dem Sieb der Güte, geprüft. Ist das, was du mir erzählen willst - wenn es schon nicht wahr ist - wenigstens gut?" Der andere zögerte. „Nein, das ist es eigentlich nicht. Im Gegenteil ..."
„Nun", unterbrach ihn Sokrates, „so wollen wir noch das dritte Sieb nehmen und uns fragen ob es notwendig ist, mir das zu erzählen, was dich so zu erregen scheint."
„Notwendig gerade nicht ..."
„Also", lächelte der Weise, „wenn das, was du mir eben sagen wolltest, weder wahr noch gut noch notwendig ist, so lass es begraben sein und belaste weder dich noch mich damit."
(Autor unbekannt)

Die drei Siebe der Wahrheit, Verantwortung und Liebe machen unser Reden fruchtbar. Jedes Sieb für sich allein ist unvollkommen. In allen drei zusammen sollen wir unsere Worte prüfen und was ihnen nicht entspricht, verschweigen wir lieber.
Wie gut, wenn wir hier bei uns selbst hellhöriger werden und anfangen, gegen den Strom zu schwimmen. Es gehört Mut dazu, bei Klatsch nicht mitzumachen. Schnell ist ein abschätziges Wort gesprochen, das einen anderen schlechtmacht. Ein Vorurteil ist aber leider oft nicht ein vorläufiges, sondern ein endgültiges Urteil.
Worte gehen meistens schnell über die Lippen. Gute und schlechte Worte, manchmal gut durchdacht, oft aber auch sehr spontan. Es ist eine große Herausforderung, die Zunge im Zaum zu halten, und eine große Kunst, das richtige Wort zur richtigen Zeit zu sagen.
Das Sprichwort „Reden ist Silber und Schweigen ist Gold" mag eine wahre Komponente beinhalten. Doch wenn wir unsere Worte durch die drei Siebe

sieben würden, könnte es besser so heißen: „Schweigen ist Silber und Reden ist Gold, doch das richtige Wort zur richtigen Zeit ist wie ein Diamant in Platin gefasst.“

4. Kleingruppen

Es werden drei verschiedene Themen angeboten:
Gruppe 1: **Reden ist Silber**
Gruppe 2: **Schweigen ist auch Kommunikation**
Gruppe 3: **Was sagt die Bibel zum Umgang mit Worten?** (Jakobus 3,3-12)

Gruppe 1: Reden ist Silber

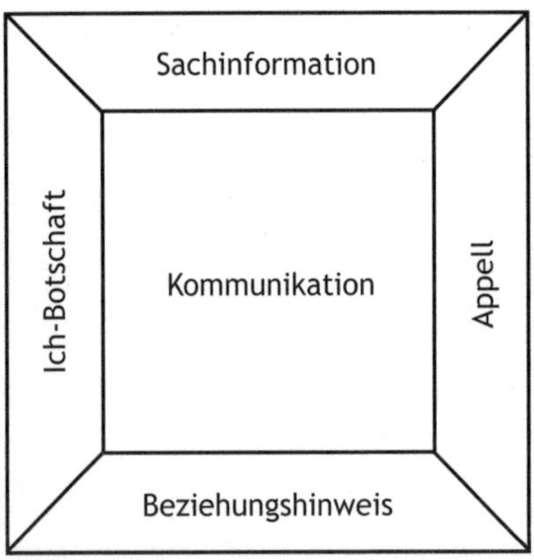

Das Vier-Ohren-Modell (oder „Kommunikationsquadrat“) von Friedemann Schulz von Thun ist das bekannteste und inzwischen auch am weitesten verbreitete Modell für Kommunikation. Die vier Ebenen der Kommunikation haben nicht nur Bedeutung für das private Miteinander, sondern auch und vor allem für die berufliche Kommunikation, wo das Professionelle und das Menschliche ständig miteinander verzahnt sind und aufeinandertreffen.

Wenn ich anderen etwas mitteile, tue ich dies auf vierfache Weise. Jede meiner Äußerungen enthält, ob ich will oder nicht, vier Botschaften:

- eine Sachinformation (worüber ich informiere)
- eine Ich-Botschaft (was ich von mir zu erkennen gebe)
- einen Beziehungshinweis (was ich vom anderen halte, wie ich zu ihm stehe)
- einen Appell (was ich bei dem anderen erreichen möchte)

Fragen für das Gespräch

Ist uns bewusst, dass Kommunikation meistens auf mehreren Ebenen abläuft?
Bin ich darauf aus, nur Tatsachen zu sagen und zu erfahren?
Drücke ich mich verständlich aus und will ich wirklich verstanden werden?
Sende ich doppelte Botschaften?
Ist mir klar, dass es ehrliche Unterschiede in Meinungen und Erfahrungen geben kann?

Fragen für das Gespräch

Wie verändert sich unser Reden, wenn wir dabei die drei Siebe anwenden?

Gruppe 2: Schweigen ist auch Kommunikation

„Nur wer wesentlich schweigen kann, kann wesentlich reden."
Sören Kierkegaard (1813-1855)

Schweigen heißt nicht einfach „still sein" oder „nichts sagen", sondern ist aktives Zuhören und ein wichtiges Element der Rhetorik. Schweigen ist die Pause zum Denken und nicht vom Denken. Das Schweigen ist eine Denkpause, vor allem, wenn heikle oder überraschende Fragen gestellt werden - dann muss immer zuerst nachgedacht werden. In einem Rhetorikseminar wurde der Redeprozess wie folgt skizziert: „Hören bis zum letzten Wort, d.h. konzentriert, aufmerksam **zuhören,** dann **warten, schweigen, nachdenken, überlegen**, eventuell laut **reflektieren** und dann erst **reden.**"

Bewusstes, beabsichtigtes Schweigen im Sinne einer Stellungnahme kann unter Umständen selbst zu einer Antwort werden. Wer nicht gelernt hat, gezielt zu schweigen, verzichtet auf eines der wichtigsten Mittel der Rhetorik. In Coachings ist die Denkpause einer der wichtigsten Parameter der Überlegenheit. Leute, die unsicher sind, verunsichert wurden, signalisieren mit zu raschen Antworten, dass sie den Boden unter den Füßen verloren haben. Nur wer überlegen ist, kann sich das Überlegen leisten. Viele verzichten auch deshalb auf Pausen oder den Schweigeanteil, weil sie Angst haben, die anderen könnten ihnen die Pause stehlen.

Fragen für das Gespräch

Schweigen als ein wichtiges Element der Kommunikation: ist das nicht ein Widerspruch?
Was kann Schweigen bewirken?
Wann kann Schweigen gut und heilsam sein?
Wie wirkt sich Schweigen auf zwischenmenschliche Beziehungen aus (positiv oder negativ)?
Was sind Zeichen des aufmerksamen Zuhörens?
Wann wird Schweigen gefährlich?
Bin ich geneigt, zu schnell zu viel zu reden, oder neige ich dazu, mich in Schweigen zu hüllen?

Gruppe 3: Was sagt die Bibel über den Umgang mit Worten?

Jakobus 3,1-12 gemeinsam lesen

Fragen für das Gespräch
Was sagt die Bibel über die Natur der Zunge?
Wie lässt sich böses Reden und üble Nachrede definieren? Was gehört dazu?
Was bewirken Klatsch, Tratsch, ungesichertes Gerede, Vermutungen, negative Vorurteile? Wirkt es sich auf Beziehungen aus?
Wie sollte unser Reden sein?
Wie geht es uns mit diesem Übereinander-Reden?
Ist es möglich, hier gegen den Strom zu schwimmen? Wenn ja, wie könnte das funktionieren?

Gedankenanstöße
Alexander der Große pflegte jedem Ankläger nur ein Ohr zu leihen. Während er sich das andere zuhielt, sagte er: „Das zweite muss ich für den Beklagten aufsparen."

Ein großer Dichter hatte an die Lehne aller Stühle in seinem Arbeitszimmer die Worte anbringen lassen: „Die Abwesenden sind da."

5. Plenum

Jede Gruppe kann kurz über ihre Gesprächsinhalte berichten. Nach den Berichten sollte Zeit gegeben werden, um sich im Plenum darüber auszutauschen (pro Gruppe ca. 5 Minuten oder länger einplanen).

6. Praktische Tipps für den Alltag

Üble Nachrede und Lästern nehmen uns leicht gefangen. Wie schnell rutschen Gespräche in diese Richtung ab. Es ist nicht erst ein Problem unserer Zeit. Auch John Wesley, der Begründer der Methodisten, kämpfte gegen das Problem der üblen Nachrede und entwarf mit anderen zusammen eine Selbstverpflichtung gegen die „Üble Nachrede".
Darin verpflichteten sich im Jahr 1752 alle, nicht auf das Böse zu hören, das ihnen zu Ohren käme, und nicht alles zu glauben, was erzählt wird. Sie wollten alles Gehörte sogar dem Betreffenden mitteilen und so lange nicht darüber reden, bis dies getan war. Auch weiterhin wollten sie ohne Ausnahme das Gehörte nicht weitererzählen.

Diese Art Selbstverpflichtung kann sehr hilfreich sein, um in Punkto Lästern gegen den Strom zu schwimmen. Ebenso nützlich sind die unten stehenden Tipps. Die Selbstverpflichtung und die Tipps werden an die Teilnehmerinnen verteilt.

Selbstverpflichtung
„Wir, die Unterzeichner, stimmen im Folgenden überein:
- dass wir auf etwas Böses, das wir über einen anderen zu Ohr bekommen, nicht hören noch willentlich danach forschen.
- dass wir, wenn wir etwas Böses voneinander vernehmen, es nicht gleich glauben wollen.
- dass wir, was wir hören, der betreffenden Person so bald als möglich mündlich oder schriftlich mitteilen wollen.
- dass wir, ehe wir dies nicht erledigt haben, mit keiner anderen Person schriftlich oder mündlich davon Mitteilung machen wollen.
- dass wir, auch wenn wir dem Betreffenden Mitteilung gemacht haben, niemandem gegenüber sonst etwas erwähnen wollen.
- dass wir keine Ausnahmen von der Regel machen wollen, es sei denn, dass wir uns in der Predigerkonferenz absolut dazu verpflichtet fühlen, es zu tun."

(nach John Wesley, 1752)

Was können wir tun, um zu einer verantwortlichen Rede zu finden?
- eigene Fehler überdenken
- bisheriges Verhalten überprüfen (Warum erzählen mir andere Schlechtes? Hatte ich ein offenes Ohr dafür?)
- sich weigern, übler Nachrede zuzuhören (frühzeitig abblocken)
- Lästerer auffordern, das Schlechte dem Betroffenen selbst zu sagen
- das Gute im Leben des anderen entdecken
- für den anderen beten (mit Gott über den anderen sprechen)

---

7. Abschluss
Lied: Gib mir die richtigen Worte

10| Rezept für ein gutes neues Jahr

Jahreslosung und Psalm 23

Der Herr ist mein Hirte. Nichts wird mir fehlen. Er weidet mich auf saftigen Wiesen und führt mich zu frischen Quellen. Er gibt mir neue Kraft. Er leitet mich auf sicheren Wegen, weil er der gute Hirte ist. Und geht es auch durch dunkle Täler, fürchte ich mich nicht, denn du, Herr, bist bei mir. Du beschützt mich mit deinem Hirtenstab. Du lädst mich ein und deckst mir den Tisch vor den Augen meiner Feinde. Du begrüßt mich wie ein Hausherr seinen Gast und gibst mir mehr als genug. Deine Güte und Liebe werden mich begleiten mein Leben lang; in deinem Haus darf ich für immer bleiben.

Ablauf

1. Rätsel: Drei Brüder (ca. 5 Minuten)
2. Einführung (max. 5 Minuten)
3. Buchstabenquiz (ca. 10 Minuten)
4. Persönliches Rezeptbuch herstellen (ca. 30-45 Minuten)
5. Kreativandacht (ca. 10-15 Minuten)
6. Jahreslose ziehen (1-5 Minuten – abhängig von Teilnehmerzahl und der Durchführung mit oder ohne Vorlesen der Lose)

1. Rätsel: Drei Brüder

Das Rätsel der drei Brüder zur Einstimmung auf das Thema vorlesen und die Teilnehmerinnen raten lassen, wer die drei Brüder sind.

„Drei Brüder wohnen in einem Haus,
die sehen wahrhaftig verschieden aus,
doch willst du sie unterscheiden,
gleicht jeder den anderen beiden.
Der erste ist nicht da, er kommt erst nach Haus.
Der zweite ist nicht da, er ging schon hinaus.
Nur der dritte ist da, der Kleinste der drei,
denn ohne ihn gäb's nicht die anderen zwei.
Und doch gibt's den dritten, um den es sich handelt,
nur weil sich der erst' in den zweiten verwandelt.
Denn willst du ihn anschau'n, so siehst du nur wieder
immer einen der anderen Brüder!

Nun sage mir: Sind die drei vielleicht einer?
Oder sind es nur zwei? Oder ist es gar - keiner?
Und kannst du, mein Kind, ihre Namen mir nennen,
so wirst du drei mächtige Herrscher erkennen.
Sie regieren gemeinsam ein großes Reich.

(aus: Michael Ende, Momo © 1973 by Thienemann Verlag (Thienemann Verlag GmbH), Stuttgart - Wien)

Lösung: Die drei Brüder sind Vergangenheit, Gegenwart und Zukunft

2. Einführung

Wenn es gut gelingende Rezepte für die unbekannte Zukunft geben würde, wäre das eine feine Sache. Angst vor Morgen bzw. dem Unbekannten nimmt uns immer wieder gefangen, besonders zu Beginn eines neuen Jahres. Manches lässt sich zwar wie durch einen trüben Spiegel erahnen, doch letztlich bleibt das Kommende verborgen.

Wie gut ist es zu wissen, dass wir nicht auf uns allein gestellt sind. Gott möchte uns durch das neue Jahr führen wie ein Hirte seine Schafe. Der Weg liegt noch im Dunkeln und wir ahnen, dass er sowohl schöne und angenehme als auch holprige und unbequeme Strecken beinhaltet. Doch selbst im dunklen Tal sind wir nicht allein, Gott führt uns durch und kümmert sich. Er sorgt und versorgt. Wir müssen uns ihm aber anvertrauen, sozusagen in „Rufnähe" bleiben. Das heißt, sich immer wieder mit ihm zu unterhalten, also zu beten. Ebenso wichtig ist es, in Gottes Wort zu lesen. Er redet durch die Bibel.

In Psalm 119,105 steht: *Dein Wort ist meines Fußes Leuchte und ein Licht auf meinem Wege.* So werden unbekannte Marschrouten Schritt für Schritt beleuchtet und wir brauchen nicht völlig im Dunkeln zu tappen.

3. Buchstabenquiz

Die Teilnehmerinnen werden in Vierergruppen aufgeteilt. Dann wird das Buchstabenquiz (siehe Vorlage unten) ausgeteilt. In Gemeinschaftsarbeit sollen neun Begriffe gesucht werden. Die gefundenen Begriffe tragen entscheidend zum guten Gelingen des neuen Jahres bei.

Anschließend kann in den Gruppen ein kurzer Austausch stattfinden, welche Dinge zum guten Gelingen noch fehlen.

Buchstabenquiz

Die Begriffe können waagerecht, senkrecht oder diagonal vorwärts oder rückwärts stehen: Arbeit, Gebet, Entschlossenheit, Gelassenheit, Heiterkeit, Vertrauen, Mut, Bescheidenheit, Nachsicht.

F	T	E	D	T	A	G	Z	L	R	U	W	A	S	F	G	N
U	G	I	S	I	B	R	H	K	N	I	T	E	M	Z	T	E
J	F	T	E	E	I	B	E	U	T	G	I	L	E	G	F	B
H	R	G	T	H	T	A	B	G	H	E	E	H	E	T	G	S
P	D	U	K	N	N	V	S	B	P	S	K	K	U	E	D	F
U	K	J	V	E	G	E	T	I	E	B	R	A	B	A	B	S
Z	L	H	T	D	N	R	S	R	H	A	E	E	A	N	T	U
R	A	G	J	I	T	T	G	S	T	G	T	G	R	A	H	L
E	W	M	E	E	S	R	U	A	O	E	I	H	S	S	C	H
W	G	R	A	H	H	A	I	M	C	L	E	T	D	F	I	C
B	F	V	C	C	W	U	E	A	N	H	H	E	I	K	S	R
G	E	L	A	S	S	E	N	H	E	I	T	C	T	J	H	S
F	Z	N	Z	E	U	N	A	T	H	U	H	E	S	B	C	S
O	J	B	K	B	I	E	F	Z	T	D	T	R	S	T	A	E
U	N	E	I	T	T	R	D	N	U	S	N	N	A	Z	N	T
J	H	F	R	D	E	I	S	S	E	E	K	H	E	I	T	E

Frage für das Gespräch

Welche Eigenschaften sind noch wichtig für ein gelingendes neues Jahr?

4. Persönliches Rezeptbuch herstellen

Material

- buntes Schreibpapier DIN A4
- Papierschneidegerät
- Laminiergerät und Folien (DIN A5)
- Kordel/Wolle
- Scheren
- Locher
- Klebstifte
- Jahreslosung
- Kochbücher/Rezeptsammlungen
- Gedichtsammlungen
- Bibelsprüche (Verheißungen)
- Filzstifte

Durchführung

1. Farbiges Papier auf DIN A5 halbieren.
2. Deckblätter (Vorder- und Rückseite) mit Jahreslosung gestalten, anschließend laminieren.
3. Innenblätter als Rezeptbuch für Leib und Seele gestalten: Rezepte, Bibelverse, Gedichte abschreiben bzw. vorbereitete Kopien einkleben.
4. Alle Blätter lochen (es können auch noch leere Blätter zum späteren Ergänzen dazu genommen werden) und mit Kordel zusammenbinden.

5. Kreativandacht: Ein Rezept für ein gutes neues Jahr

Wenn wir ein Gericht kochen, haben wir zwei Möglichkeiten:
1. Wir kochen einfach drauflos, sozusagen „Freestyle", und schauen, was dabei herauskommt. Das könnte zwar gut-, aber vor allem bei unerfahrenen Köchen auch gründlich schiefgehen.
2. Wir nehmen bei einem uns unbekannten Gericht ein Rezept zur Hand und beachten die Zutaten und Zubereitungshinweise. Hier ist ein gutes Gelingen fast schon sicher.

Das neue Jahr liegt verborgen und unbekannt vor uns. Wäre es da nicht hilfreich, wenn wir auf ein Rezept mit vielen guten, erprobten Zutaten zurückgreifen könnten? Es gibt dieses Rezept tatsächlich und es lohnt sich, das neue Jahr nach diesen Richtlinien anzurichten.

Man nehme zwölf gut reife Monate und achte darauf, dass man sie vollkommen säubere und sie frei von bitterer Erinnerung, von Groll und Rachsucht, von Neid und Eifersucht sind. Man entferne von ihnen jede Spur von Kleinlichkeit und Niedrigkeit und alle unbewältigte Vergangenheit. Die zwölf Monate müssen also frisch und sauber sein, wie sie aus der Werkstatt Gottes hervorgehen. Man zerlege jeden Monat in dreißig oder einunddreißig Tage. Man richte jeweils nur einen einzigen Tag an. Und damit diese einzelnen Tage die besten unseres Lebens werden, beachte man sorgfältig die folgenden Anweisungen: Für jeden Tag nehme man einige Teile Gebet und Arbeit, Entschlossenheit und Gelassenheit, Überlegung und Vertrauen, Mut und Bescheidenheit. Nun füge man dem Ganzen einen Löffel fröhliche Schwungkraft, eine Messerspitze Nachsicht und eine gute Dosis aufrichtige Herzlichkeit zu. Sodann übergieße man das Ganze mit Liebe und rühre es kräftig um. Man garniere zuletzt alles mit einem bunten Sträußchen kleiner Aufmunterungen und trage es mit Heiterkeit auf den Tisch. Guten Appetit!
(aus: Axel Kühner, Eine gute Minute, 365 Impulse zum Leben, Aussaat Verlag, Neukirchen-Vluyn, 9. Auflage 2008)

Benötigte Utensilien

- Teigschüssel, beschriftet mit Jahreszahl
- Zutaten, beschriftet mit:

1kg Mehl	Vorderseite: Gebet; Rückseite: Arbeit
Milch	Gelassenheit
Milchkrug	Entschlossenheit
Fett	Seite: Überlegung; Deckel: Vertrauen
Hefe	Mut
Tasse für Hefe	Bescheidenheit
Salz	Vorderseite für 1. Prise: Schwungkraft; Rückseite für 2. Prise: Nachsicht
Zucker	Zucker: Herzlichkeit

Durchführung

In eine Schüssel werden kleine Zettelchen geklebt mit den Aufschriften: bittere Erinnerung, Groll, Rachsucht, Neid, Eifersucht, Kleinlichkeit, Niedrigkeit und unbewältigte Vergangenheit.

Den Text langsam lesen: „Man nehme zwölf gut reife Monate und achte darauf, dass man sie vollkommen säubere und sie frei von bitterer Erinnerung, von Groll und Rachsucht, von Neid und Eifersucht sind. Man entferne von ihnen jede Spur von Kleinlichkeit und Niedrigkeit und alle unbewältigte Vergangenheit."

Beim jeweiligen Wort wird der Zettel abgemacht und in den Mülleimer geworfen. Zum Schluss die Schüssel ausreiben. So wird die Schüssel sinnbildlich gereinigt.

Beim weiteren Vorlesen des Textes werden die weiteren Zutaten vorbereitet, abgewogen und verarbeitet: „Die zwölf Monate müssen also frisch und sauber sein, wie sie aus der Werkstatt Gottes hervorgehen. Man zerlege jeden Monat in dreißig oder einunddreißig Tage. Man richte jeweils nur einen einzigen Tag an."

„Für jeden Tag nehme man nun einige Teile Gebet und Arbeit,
500 g Mehl in die Schüssel geben.

Entschlossenheit und Gelassenheit,
1/4 l Milch abmessen.

Überlegung und Vertrauen.
100 g Fett in die Schüssel geben.

Zum guten Gelingen benötigt man außerdem einige Stücke Mut. Den Mut verrühre man mit einer guten Portion Bescheidenheit."
Die Hefe mit der Milch verrühren.

„Nun füge man dem Ganzen einen Löffel fröhliche Schwungkraft,
1 Teelöffel Salz hinzugeben.

eine Messerspitze Nachsicht
Noch 1 Teelöffel Salz.

und eine gute Dosis aufrichtige Herzlichkeit zu."
1 Prise Zucker zugeben.

„Sodann übergieße man das Ganze mit Liebe und knete alles kräftig durch.
Ei dazugeben und alles kräftig kneten.

Man garniere zuletzt alles mit einem bunten Sträußchen kleiner Aufmunterungen und trage es mit Heiterkeit auf den Tisch."
Vom fertigen Teig bekommt jede Teilnehmerin eine kleine Portion mit nach Hause . Er kann im Kühlschrank aufbewahrt werden. Vor dem Backen muss der Teig jedoch in der Wärme aufgehen.

Falls ein Backofen im Gemeindehaus / am Veranstaltungsort vorhanden ist: Der Teig muss so lange zugedeckt in der Schüssel ruhen, bis er deutlich größer geworden ist. Jede Teilnehmerin bekommt ein Stück Teig und formt ihn, anschließend wird er bei 180° C ca. 25 Minuten gebacken.

6. Jahreslose ziehen

Material

Verschiedene Bibelverse-Packungen mit Spruchkarten gibt es zum Beispiel beim Deutschen EC-Verband (www.ec-jugend.de/ec-shop)

Jede Teilnehmerin kann sich ein Jahreslos ziehen. Dieser Bibelvers soll sie durch das neue Jahr begleiten.

11 | Sorge dich nicht, sondern lebe!

Philipper 4,6
Macht euch keine Sorgen! Ihr dürft Gott um alles bitten. Sagt ihm, was euch fehlt, und dankt ihm!

1. Petrus 5,7
Ladet alle eure Sorgen bei Gott ab, denn er sorgt für euch.

Ablauf
1. Einführung (max. 5 Minuten)
2. Spiel (ca. 10 Minuten)
3. Impuls (ca. 5 Minuten)
4. Kleingruppen (ca. 30 Minuten)
5. Plenum mit Sorgenweitwurf (ca. 20 Minuten oder mehr)
6. Gebet (ca. 1-2 Minuten)

1. Einführung

„Guten Morgen, liebe Sorgen, seid ihr auch schon wieder da ..." - Mit diesen Worten begann ein bekannter Fernsehmoderator ein nicht ganz ernst gemeintes Lied. Doch geht es vielen von uns so, dass wir uns bereits beim Aufwachen schon wieder von finstersten Befürchtungen überfallen lassen. Sorgen können zu einer Geisel werden und unsere Lebensfreude zerstören.

Sorgen ist eine rein menschliche Angelegenheit, denn im Gegensatz zu den Tieren hat der Mensch die Möglichkeit, die Zukunft bewusst in Gedanken vorwegzunehmen und zu planen. Das klingt zunächst einmal nach großem Fortschritt, denn das Vorausdenken ermöglicht es uns, Vorsorge zu treffen. Wir gehen zu Vorsorgeuntersuchungen, um eine Krankheit möglichst schon im frühen Stadium zu entdecken. Wir planen den Speiseplan fürs Wochenende, eine Urlaubsreise, die Anzahl unserer Kinder, die berufliche Karriere, den sogenannten Lebensabend usw. Versicherungen und Alarmanlagenfirmen leben davon, dass wir uns Schlimmes ausmalen und uns dann für den Ernstfall absichern.

Doch wo ist die Grenze zwischen vernünftiger Vorsorge und der Kraft raubenden, zermürbenden Sorge?

2. Spiel: „Ich packe meine Sorgen und nehme mit ...“

Spielidee

Nach der Art des Spiels „Ich packe meinen Koffer und nehme mit ...“ wird imaginär der Sorgenkoffer gepackt. So lange, bis es so viele Sorgen sind, dass die Teilnehmerinnen es nicht mehr schaffen, sie zu wiederholen. Es geht nicht darum, eigene Sorgen zu nennen, sondern es sollen Dinge aufgezählt werden, vor denen Menschen allgemein Angst haben. Sinn des Spiels ist, den Frauen aufzuzeigen, wie sehr Sorgen belasten und wie die Last niederdrücken kann.

Beispiel: Ich packe meine Sorgen und nehme mit: Arbeitslosigkeit. → Ich packe meine Sorgen und nehme mit: Arbeitslosigkeit und Unwetter. → Ich packe meine Sorgen und nehme mit: Arbeitslosigkeit, Unwetter und Krankheit. → Ich packe ...

3. Impuls: Mit Sorgen umgehen

Eine Legende erzählt, dass eines Tages die Teufel ratlos beieinander saßen. Seit langer Zeit wälzten sie nun schon den einen Gedanken hin und her: Wie schaffen wir es, die Menschen von ihrem Glauben abzubringen? Plötzlich kam einer der Teufel auf eine Idee: „Ich hab’s! Wir machen den Menschen weis, Gott wäre nur ein menschlicher Gedanke. Dann haben wir leichtes Spiel mit ihnen.“ Einige Teufel nickten: „Ja, das müsste klappen!“ Doch ein erfahrener Teufel blieb skeptisch: „Das wird nicht gehen“, meinte er. „Was die Menschen mit ihrem Gott erleben, greift so tief in ihr Inneres ein, dass ein solch plumper Trick nichts nützt. Und obendrein wissen wir Teufel doch auch, dass es Gott gibt. Wovon man selbst nicht überzeugt ist, kann man anderen schlecht vermitteln!“ Nach längerem Grübeln schlug ein anderer vor: „Wir setzen den Menschen mit Leid und Kummer kräftig zu. Das wird sie mürbe machen und sie an der Liebe Gottes zweifeln lassen!“ „Ach nein“, wehrten sogleich einige ab, „wie oft haben wir das schon versucht! Und jedes Mal hat es die Menschen in ihrem Glauben verfestigt und noch tiefer gegründet. Auch dieser Vorschlag taugt nichts.“ Schließlich kam dem jüngsten Teufel ein glorreicher Einfall: „Wir überschütten das Herz der Menschen einfach mit großen und kleinen Sorgen. Tag und Nacht werden die Gläubigen dann mit ihren Sorgen zubringen und darüber mutlos werden. Je mehr sie an ihre Sorgen denken, desto weniger Zeit werden sie haben, auf ihren Gott zu hören und sich ihm zu widmen. Was wäre uns lieber als das?!“ Begeistert sprangen die anderen Teufel auf und stimmten einmütig dem Vorschlag zu. Seitdem sind sie unterwegs, um die Menschen mit Hilfe von Sorgen an ihrem Gott irre zu machen.

Eine alte Legende nur, also etwas Ausgedachtes. Aber diese Geschichte bringt das Wesen der Sorgengeister auf den Punkt. Was gedankliche Zweifel nicht schaffen, was Kummer und Leid nicht können, das gelingt der Sorge. Das Band zwischen Gott und Menschen lockert sich langsam, es wird sogar gelöst. In unserem Sorgen wohnt eine unheimliche und negative Kraft.

Die Sorge tritt meist mit ihrem steten Begleiter, der Angst auf. Wir befürchten Dinge aus Angst, sie könnten eintreffen. Dabei sind die Auslöser oft Schreckensvisionen nach dem Motto „Was wäre, wenn ...". Beim Sorgen kreisen alle Gedanken um ein einziges Problem. Wie eine schwere Hand legt sich die Furcht auf das Gemüt. Die Sorge hat mich in ihrer Gewalt. Ich kann sie nicht beliebig abschütteln. Sie beherrscht mich und nimmt mein Denken und Fühlen in Beschlag.

Gott zu vertrauen wird in solchen Situationen schwer. Wir sehnen uns nach Sicherheit, möchten die Situation kontrollieren und versuchen, den uns verbleibenden Handlungsspielraum zu nutzen. Loslassen scheint fast unmöglich, weil es einer scheinbaren Kapitulation gleichkommt. Doch im 1. Petrusbrief 5,7 fordert die Bibel genau zu diesem Abgeben auf: *Ladet alle eure Sorgen bei Gott ab, denn er sorgt für euch.* Nicht nur an das Loslassen wird appelliert, sondern sogar zum Werfen. Werfen ist eine aktive und anstrengende Sache, die einen echten Willen voraussetzt und somit eine bewusste Entscheidung erfordert.

Das Sorgenwerfen ist eine christliche Disziplin, die es einzuüben gilt. Zuerst müssen wir allerdings das Ziel des Wurfes kennen. Es gibt nur einen Ort, wo unsere Last gut aufgehoben ist: bei dem, der sich um unseren Kummer kümmert - Jesus Christus. Es nützt wenig, Sorgen wie einen schweren Rucksack einfach irgendwo abzulegen. Menschen neigen dazu, Not immer wieder mitzunehmen. Der Seelenschmerz muss einer anderen Person, von der man weiß, dass sie sich kümmert, übereignet werden. Nur das Wissen „Jetzt sorgt sich ein anderer" macht das Abgeben der Sorge möglich. Wen gäbe es da geeigneteren als den, der uns in der Bibel dazu auffordert, alle Mühe und Last ihm zu überlassen? In Matthäus 11,28 heißt es: Kommt alle her zu mir, die ihr euch abmüht und unter eurer Last leidet! Ich werde euch Ruhe geben.

4. Kleingruppen

Je Gruppe sollten vier bis fünf Teilnehmerinnen zusammen sein. Sind es mehr Teilnehmerinnen, können sich die Gruppen zu einem Thema auch mehrmals zusammenfinden.

Gruppe 1: **Das Wesen der Sorgen**
Gruppe 2: **Sind Sorgen sinnvoll?**
Gruppe 3: **Tipps für den Umgang mit Sorgengeiern**

Jede Gruppe erhält zu ihrem Thema Material und Fragen für ein Gespräch in der Gruppe.

Gruppe 1: Das Wesen der Sorgen

Fragen für das Gespräch
Wie kommt es zu Sorgen?
Wie geht es in uns zu, wenn wir uns sorgen, und wie gehen wir damit um?
Was sind die Folgen übermäßiger Sorgen?
Über was machen wir uns die meisten Sorgen?
Können wir etwas durch unsere Sorgen verändern/verhindern?
Gibt es Wege aus der Sorge heraus?

Was sind Sorgen?
Sorgen sind „Was-wäre-wenn"-Szenarien, die wir uns in Gedanken ausmalen. Es genügt oft ein harmloser Auslöser, und die kalte Hand der Panik greift nach uns. Kommt z.B. die Tochter nicht rechtzeitig nach Hause, malen wir uns aus, was alles passiert sein könnte. Diese Phantasien bewirken ein Gedankenkreisen. Diese Schreckensvisionen versetzen auch unseren Körper in Angst und Schrecken. Er kann zwischen Fiktion und Wirklichkeit nicht unterscheiden und gerät in Alarmbereitschaft. Das heißt der Körper reagiert auf dieselbe Weise, wie wenn das Unglück bereits eingetroffen wäre. Er macht sich bereit zum Kampf und Flucht oder verfällt in eine Art Erstarrung. Dies war früher notwendig, um sich vor bestehenden Gefahren zu schützen. Diese Gefahrensignale bewirken, dass sich der Puls beschleunigt, der Blutdruck steigt und der Stoffwechsel aktiviert wird. Dabei kann es zu Zittern und Angstschweiß kommen. Angst erzeugt eine innere Anspannung. Diese Anspannung wird auf die Muskulatur übertragen. Dadurch kann es zu schmerzhaften Muskelverspannungen kommen, die sich auch als Herzbeklemmungen bemerkbar machen. Auch auf den Magen-Darm-Trakt hat dieses Gefühl Auswirkungen. Es können Durchfälle und sogar Koliken ausgelöst werden. Hektische Atmung, anfallsartige Kopfschmerzen und sogar Sehstörungen sind häufig ebenfalls Begleiterscheinungen der Angst.

Gruppe 2: Sind Sorgen sinnvoll?

Fragen für das Gespräch
Können Sorgen auch sinnvoll sein?
Über was machen wir uns die meisten Sorgen?
Können wir etwas durch unsere Sorgen verändern/verhindern?
Was ist der Unterschied zwischen Sorge und Vorsorge?
Gibt es Wege aus der Sorge heraus?

Es gibt zweierlei Arten von Sorgen.

Die Vorsorge
Sorgen in Bezug auf die Zukunft, z.B. Altersvorsorge, Krebsvorsorge, also Dinge, die Gefahren vermeiden, sind hilfreiche Sorgen, solange sie sich im üblichen Rahmen halten. Diese Sorgen rufen uns dazu auf, zu handeln und etwas dagegen zu unternehmen. Mit der Vorsorge löst sich diese Sorge auf. Sie ist sinnvoll und empfehlenswert.

Allgemeine Sorgen
Diese Art Sorgen sind Kraft raubend und Angst machend, lähmend und belastend. Die allermeisten Sorgen sind unbegründet. Eine Untersuchung zum Thema Sorgen fand heraus, dass über 90% unserer Befürchtungen nie eintreffen. Sorgen machen wir uns vor allem dann um etwas, wenn wir es nicht kontrollieren können. Irgendwie scheint eine Art magisches Denken hinter den Sorgengeistern zu stecken: Je mehr ich mich sorge, desto eher kann ich es beeinflussen. Doch das Prinzip der „selbsterfüllenden Prophezeiung“ besagt das Gegenteil: Je mehr ich mich gedanklich mit etwas beschäftige, desto eher treten meine Befürchtungen ein.

Gruppe 3: Tipps für den Umgang mit Sorgengeiern

Fragen für das Gespräch
Wie kommt es zu Sorgen?
Wie geht es in uns zu, wenn wir uns sorgen, und wie gehen wir damit um?
Was sind die Folgen von übermäßigen Sorgen?
Gibt es Wege aus der Sorge heraus?
Welche Tipps gegen Sorgen gibt uns die Bibel?

Was können wir tun, um uns weniger Sorgen zu machen?
„Du kannst es nicht verhindern, dass die Vögel der Sorge über deinem Kopf kreisen. Aber du kannst sie daran hindern, Nester in deine Haare zu bauen.“ (Martin Luther)

Sorgengeier, der über dem Kopf fliegt, verjagen
Wenn ein Sorgengeier über meinem Kopf fliegt, kann ich erst einmal nichts dafür. Ich muss aber dafür sorgen, dass er nicht anfängt, über mir zu kreisen und mich als potentiellen Landeplatz ins Visier zu nehmen. Deshalb gilt es, aufmerksam diese Aasgeier zu verscheuchen. Das gelingt am besten, wenn ich mir einen Schutzhelm aufsetze und mich bewaffne. Der Helm ist das Wissen, dass Gott im Regiment sitzt und nichts zulassen wird, das nicht zu meinem Besten ist. Römer 8,28: Das eine aber wissen wir: Wer Gott liebt, dem dient alles, was geschieht, zum Guten. Dies gilt für alle, die Gott nach seinem Plan und Willen zum neuen Leben erwählt hat. Das Schwert zum Verjagen ist Gottes Wort. Wenn wir es kennen, können wir uns an Gottes Versprechen festhalten und es der Angst entgegensetzen. Furcht unterbrechen können wir auch, indem wir innerlich Stopp sagen, wann immer sie auftaucht. Dies kann unter Umständen mehrere hundert Mal pro Tag sein. Sofern ich allein bin, ist auch ein „In-die-Hände-Klatschen“ und lautes Stopp-Rufen möglich und sogar wirkungsvoller. Danach ist es gut, aktiv zu werden und Ablenkung zu suchen, z.B. ein Kreuzworträtsel, ein Spaziergang, Großputz oder Telefonat.

Sorgengeier einfangen und betrachten: nur was wir kennen, können wir auch besiegen!
Wenn wir es versäumt haben, anfliegende Sorgengeier zu verscheuchen, gemäß dem Motto „Wehret den Anfängen“, müssen wir verhindern, dass sie sich auf uns niederlassen und Nester bauen. Wir dürfen nicht zulassen, dass sie bei uns heimisch werden. Dies gelingt, wenn wir sie einfangen. Ein für gut befundener Landeplatz wird gerne immer wieder angeflogen. Wie ergreift man den Greifvogel? Ich muss ihn ins Visier nehmen und zupacken und an-schauen. Wenn die Sorge mir keine Ruhe lässt, ist es hilfreich, die Angst zu-zulassen und sie zu benennen. Ich schreibe einfach auf, was schlimmstenfalls passieren könnte. Wenn das Horrorszenario visuell auf dem Blatt festgehalten wird, sollte man sich dazu eine Lösungsmöglichkeit suchen und niederschreiben. Dieses Vorgehen bewirkt, sich der Angst zu stellen, ihr von Angesicht zu Angesicht zu begegnen. Der Angst konkret zu begegnen und dabei festzustellen, dass das Befürchtete nicht eingetroffen ist, hilft sie zu überwinden. Bildlich wird so dem Greifvogel die Grundlage zum Nestbau entzogen.

Gebaute Nester ausrotten

Ist es dem Sorgengeier gelungen von mir Besitz zu nehmen, hält er naturgemäß hartnäckig daran fest. Es ist zwar schwer, die Eigentümerrechte zu klären, aber es ist nicht hoffnungslos. Allerdings sollte rigoros vorgegangen werden. Alles was an den Nestbau erinnert muss eliminiert werden. Geier neigen dazu, alte Nester immer wieder neu aufleben zu lassen. Eigentümer meiner Person aber ist Gott und nicht die Sorge. Ihm gehört mein Handeln, Denken und Reden. Durch Sorgen kann ich mein oder das Leben anderer nicht verlängern: Und wenn ihr euch noch so viel sorgt, könnt ihr doch euer Leben um keinen Augenblick verlängern (Matthäus 6,27). Gebaute Nester auszurotten bedeutet, das Nestmaterial zu demontieren. Praktisch heißt das, die Sorgen zu entsorgen. Es gibt einen Ort, wo wir unsere Sorgen hinbringen können. In Gottes Wort wird der Ort der Entsorgung konkret genannt: Sorgt euch um nichts, sondern in allen Dingen lasst eure Bitten in Gebet und Flehen mit Danksagung vor Gott kundwerden! Gott verspricht uns in 1. Petrus 5,7: Ladet alle eure Sorgen bei Gott ab, denn er sorgt für euch. Nun gilt es allerdings auf der Hut zu sein und den Sorgengeiern zu verbieten, altes Nistmaterial heranzuschleppen und sich erneut als Nistplatz anzubieten. Am besten beherzige man dazu Punkt 1 und 2.

Ein weiteres biblisches Heilmittel gegen die Sorge: Matthäus 6,25-34

Darum sage ich euch: Macht euch keine Sorgen um euren Lebensunterhalt, um Essen, Trinken und Kleidung. Leben bedeutet mehr als Essen und Trinken, und der Mensch ist wichtiger als seine Kleidung. Seht euch die Vögel an! Sie säen nichts, sie ernten nichts und sammeln auch keine Vorräte. Euer Vater im Himmel versorgt sie. Meint ihr nicht, dass ihr ihm viel wichtiger seid? Und wenn ihr euch noch so viel sorgt, könnt ihr doch euer Leben um keinen Augenblick verlängern. Weshalb macht ihr euch so viele Sorgen um eure Kleidung? Seht euch an, wie die Lilien auf den Wiesen blühen! Sie können weder spinnen noch weben. Ich sage euch, selbst König Salomo war in seiner ganzen Herrlichkeit nicht so prächtig gekleidet wie eine dieser Blumen. Wenn Gott sogar das Gras so schön wachsen lässt, das heute auf der Wiese grünt, morgen aber schon verbrannt wird, wie könnte er euch dann vergessen? Vertraut ihr Gott so wenig? Zerbrecht euch also nicht mehr den Kopf mit Fragen wie: 'Werden wir genug zu essen haben? Und was werden wir trinken? Was sollen wir anziehen?' Mit solchen Dingen beschäftigen sich nur Menschen, die Gott nicht kennen. Euer Vater im Himmel weiß doch genau, dass ihr dies alles braucht. Sorgt euch vor allem um Gottes neue Welt, und lebt nach Gottes Willen! Dann wird er euch mit allem anderen versorgen. Deshalb sorgt euch nicht um morgen - der nächste Tag wird für sich selber sorgen! Es ist doch genug, wenn jeder Tag seine eigenen Lasten hat.

5. Plenum

Im Plenum berichtet jede Gruppe, welche Thematik sie beschäftigt hat.

Material

- Sorgentabelle (siehe Kopiervorlage unten)
- Stifte
- meditative Musik
- Kieselsteine
- Notizzettel mit Bibelvers 1. Petrus 5,7

Als konkrete Hilfe nach dem Bericht der Gruppe 3 werden am Ende die „Sorgentabelle“ und Stifte ausgeteilt. Jede Teilnehmerin hat nun die Möglichkeit, sich mit ihren Sorgen zu beschäftigen (leise meditative Musik im Hintergrund laufen lassen). Dazu kleine Notizzettel austeilen, auf deren Vorderseite der Bibelvers aus 1. Petrus 5,7 geschrieben ist.
Die Rückseite wird nun mit den eigenen Sorgen beschriftet. Der Zettel soll dann zerknüllt und um einen Kieselstein zum Beschweren gewickelt werden. Diesen Zettelknäuel können die Teilnehmerinnen mit nach Hause nehmen mit der Aufgabe, diese Sorge als Sinnbild so weit wie möglich von sich weg auf Jesus hin zu werfen.

Meine Sorge	**Meine Empfindungen und Reaktionen**
Was ist trotzdem in dieser Situation positiv?	**Wie sieht meine Sorge von außen betrachtet aus?**

6. Gebet

Ein jeder Tag hat seine Plage (Matthäus 6,34)
Darum sorget nicht für den andern Morgen,
denn der morgige Tag wird für das Seine sorgen.
Es ist genug, dass ein jeglicher Tag
seine eigene Plage habe.

Ein jeder Tag hat seine Plage -
schau'n wir nicht zu weit voraus -
Du hilfst uns, Herr, durch alle Tage.
seh'n wir zu weit - packt uns der Graus.

Dein Wort ist uns'res Fußes Funzel -
nicht Flutlicht auf der Autobahn -
wir kriegen ab so manche Runzel -
wollen „reißen auf den Hahn".
Doch seh'n wir immer nur ein Stückchen
Weiter in die Zukunft vor -
können ahnend ein wenig „spickeln" -
nicht rasen schnell durch Tür und Tor.

Vertrauen - auf Dich, Gott - ist da gefragt -
sonst wär' es zum Verzagen -
nimmst väterlich uns bei der Hand -
führst uns durch alle Fragen.
Ganz kindlich dürfen wir da sein -
vertrauensvoll und schwach -
Du lässt uns wirklich nie allein:
in größtem Weh und Ach
trägst Du uns durch und hältst uns fest:
Du bist doch unser Schöpfer.
Du gibst uns wirklich nie den Rest:
Formst uns - wir Ton - Du Töpfer!

Amen

(Sabine Hartmann - Abdruck mit freundlicher Genehmigung der Autorin)

12 | Verantwortlicher Umgang mit Gaben und Grenzen

1. Petrus 4,10
Jeder soll dem anderen mit der Begabung dienen, die ihm Gott gegeben hat. Wenn ihr die vielen Gaben Gottes in dieser Weise gebraucht, setzt ihr sie richtig ein.

Ablauf
1. Einführung (max. 5 Minuten)
2. Geschichte und Gespräch (ca. 5-10 Minuten)
3. Fragebogen (Bestandsaufnahme) (ca. 10 Minuten)
4. Kleingruppen (ca. 20-30 Minuten)
5. Plenum (ca. 10 Minuten)
6. Impuls (ca. 5-10 Minuten)

1. Einführung
Von Begabung wird gesprochen, wenn eine Person über eine besondere Fähigkeit verfügt, durch die sie besondere Leistungen bringen kann. Manche Talente sind offensichtlich und werden schon früh erkannt, vielleicht sogar besonders gefördert. Andere sind eher verborgen, werden erst im Laufe des Lebens entdeckt oder liegen zeitlebens brach. Die einen sind sich ihrer Gaben bewusst und nutzen sie gern. Die anderen meinen, keine besonderen Fähigkeiten zu besitzen. Doch begibt man sich einmal auf die Suche, kann man feststellen, dass alle Menschen eine Vielzahl davon besitzen.

Wer seine Gaben kennt und nutzt, kommt hin und wieder an den Punkt, an dem er in der Gefahr steht, sich zu veraus*gaben*.
Ein zum Beispiel handwerklich geschickter Mensch wird überall gebraucht und kann sich manchmal vor Anfragen (natürlich alles als Freundschaftsdienst) kaum noch retten. Hier gilt es, Grenzen zu setzen. Der Übergang vom Gabeneinsetzen zum Veraus*gaben* ist oft fließend. Die Balance zwischen dem Dienen mit seiner Gabe und dem übermäßigen Verausgaben gilt es zu finden.

2. Geschichte: „Aber klar, das schaff ich schon!“
Zur Einstimmung in das Thema wird zu Beginn die folgende Geschichte vorgelesen.

„Könntest du kurzfristig die Dekoration für unser Frauenfrühstück übernehmen, Isabel? Tanja, die sonst dafür zuständig ist, musste uns kurzfristig absagen. Du als Floristin hast bestimmt gute Ideen, die Tische und den Raum ansprechend zu gestalten.“ Mit dieser Bitte wurde Isabel zwei Wochen vor dem großen Treffen konfrontiert. Sie fühlte sich geschmeichelt und freute sich insgeheim, endlich in der Gemeinde ihre große Begabung kombiniert mit einem guten Geschmack vorführen zu können. Bisher hatte sie noch keine Gelegenheit dazu. Isabel war vor einem Jahr mit ihrem Mann und den vier Kindern in die Stadt gezogen. So sehr sie die Anfrage freute, es gab dabei einen Haken, der eine Zusage eigentlich unverantwortlich machte: Die nächsten Wochen waren jetzt schon mit überreicher Arbeit angefüllt. Trotz ihrer vier Kinder arbeitete Isabel in der Gärtnerei ihres Mannes. Jetzt - Ende April - standen die Pflanzsaison und Muttertag vor der Tür. Dies bedeutete eine besonders arbeitsreiche Zeit für das Ehepaar. Zudem hatte ihre Jüngste am Tag nach dem Frauenfrühstück ihren 4. Geburtstag, wozu sich die Großeltern als Übernachtungsgäste anmeldeten. Wie sollte Isabel angesichts dieser enormen Belastungen mit gutem Gewissen zusagen? Sie zögerte kurz, fühlte sich aber nicht in der Lage, der Organisatorin einen Korb zu geben. Sie spürte, wie sehr sie in Not war. Und überhaupt, war es nicht eine großartige Möglichkeit, sich unter Beweiß zu stellen? Sie wusste, dass sie für ihre Kinder und ihren Mann „Nein“ sagen musste. Doch die Antwort fiel anders aus: „ Das ist aber nett, dass ihr an mich denkt! Natürlich helfe ich euch gern aus der Verlegenheit. Ihr könnt auf mich zählen.“ Als sie am Abend ihrem Mann davon berichtete, war er verärgert: „Ich verstehe dich nicht! Immer jammerst du, du wärst überlastet, und nun lädst du dir auch noch das auf!“ Isabel versuchte ihn zu beruhigen: „Das werde ich schon schaffen. Ich konnte ihr diese Bitte nicht abschlagen. Ich kann sie einfach nicht im Stich lassen! Sie brauchen mich doch!“

Anschließend findet eine kurze Gesprächsrunde statt unter der Fragestellung:
Was bewegt die Frau in der Geschichte zum „Ja-Sagen“?
Welche Motive und Zwänge stecken dahinter?

3. Fragebogen zur Bestandsaufnahme

Jede Teilnehmerin erhält den folgenden Fragebogen und füllt ihn für sich aus. Bei den Fragen handelt es sich lediglich um eine Art innere Bestandsaufnahme. Sie dient als Grundlage zum Gespräch in den Kleingruppen und ist eine Hilfe, sich selbst besser einschätzen zu können. Es erfolgt kein Austausch.

Meine Gaben und Grenzen

Ich habe folgende Begabungen: ______________________________

____

Ich kann meine Begabungen hier einsetzen: ______________________

____

Ich kenne folgende Grenzen (meiner Persönlichkeit): _____________

____

Fällt es mir leicht, meine persönlichen Grenzen zu respektieren?
Kann ich akzeptieren, dass Grenzen gut für mich sind?

Diese Grenzen werden mir durch andere Menschen oder durch Situationen gesetzt: ____

____

Kann ich diese äußerlichen Grenzen respektieren?
Ärgere ich mich immer wieder über sie und würde sie gern verändern?

4. Kleingruppen

Mit einer Schnur (ca. 2 m) wird die Kontur eines Menschen auf den Fußboden gelegt und dazu erklärt:

Menschen haben Gaben, aber gleichzeitig sind ihnen dabei in doppelter Weise auch Grenzen gesetzt. Zum einen von innen, zum anderen aber auch von außen.
Innere Grenzen bedeuten: Meine Begabung ist nicht grenzenlos, sondern individuell verschieden.
Grenzen von außen bedeuten: Selbst mit viel Begabung kann ich manchmal wegen der äußeren Umstände mein Talent nicht entfalten.

Beschränkungen erscheinen anfangs vielleicht negativ. Schauen wir uns den Menschen vor uns auf dem Boden genau an, stellen wir fest, dass die Person genau durch diese Begrenzung erst seine Kontur gewinnt und zur abgesteckten Persönlichkeit wird.

Es werden zwei Themen angeboten:
Gruppe 1: **Wo liegen meine Gaben und wie gehe ich mit ihnen um?**
Gruppe 2: **Mut zum „Neinsagen" - Grenzen setzen ohne Schuldgefühle**

Gruppe 1: Wo liegen meine Gaben und wie gehe ich mit ihnen um?
Jede Teilnehmerin bringt ihren gerade ausgefüllten Test mit.
Es findet ein Austausch statt. Dieser kann sich an den eigenen Testergebnissen orientieren oder allgemein auf die Fragen eingehen. Folgende Fragen können für das Gespräch genutzt werden:
Sind alle Gaben gleich wertvoll?
Kann ich meine Gaben entfalten oder muss ich Schwerpunkte setzen?
Wie könnte es aussehen, Schwerpunkte zu setzen?
Was kann mir dabei helfen?

Gruppe 2: Mut zum „Neinsagen" - Grenzen setzen ohne Schuldgefühle
Die Teilnehmerinnen tauschen sich untereinander aus.

Fragen für das Gespräch
Welche Motivation kann hinter mangelnder Grenzsetzung stecken?
Geht es dabei wirklich immer darum, anderen behilflich zu sein?
Müssen wir die Dinge, die wir tun, wirklich machen?
Was würde passieren, wenn wir sie nicht mehr tun?
Warum machen wir etwas nicht, das wir uns eigentlich erträumen?
In welchen Situationen fühlen wir uns besonders unter Druck?
Durch welche Menschen fühlen wir uns besonders unter Druck gesetzt?
Wann und wo fühlen wir uns häufig unwohl oder fehl am Platz?
Ein schlechtes Gewissen habe ich besonders, wenn ...

Die Geschichte „Aber klar, das mach ich schon" kann der Gruppe als Grundlage dienen, um miteinander ins Gespräch zu kommen.

---

5. Plenum
Im Plenum geben die Gruppen einander einen kurzen Überblick über ihr Thema und was sie erarbeitet haben. Was sich im Gespräch als besonders hilfreich erwiesen hat, kann als Tipp weitergegeben werden.

6. Impuls

Es soll veranschaulicht werden, dass Gott der Geber aller Gaben ist und er diese Fähigkeiten nicht einfach nach Gutdünken austeilt. Er vergibt sie sozusagen zweckgebunden: die Gaben ehren den Geber. Sind wir uns dessen nicht bewusst, stehen wir in der Gefahr, sie für unsere eigene Ehre einzusetzen. Wer diese Talente ohne einen Halt gebenden Rahmen, also orientierungslos verwendet, ist gefährdet sich zu verausgaben.
Der Mensch benötigt die Verbindung zum Geber seiner Gabe. Nur so gelingt es, die besondere Fähigkeit ihrer Bestimmung gemäß einzusetzen.

Material

- 2 Styroporkugeln o.Ä.
- 1 Schnur
- 1 kleinen Haken
- Fotokarton DIN A3 als Kreis geschnitten oder kleiner runder Tisch

Durchführung

Die erste Kugel wird lose auf den erhöhten Fotokartonkreis/Tisch gelegt. Sie wird mehrmals in verschiedene Richtungen angestoßen, sodass sie immer wieder wegrollt und herunterfällt.
An der zweiten Kugel wird die Schnur mit einem kleinen Haken befestigt. Eine Person hält die Schnur und bringt sie mit Kreisbewegungen zum Rotieren. Die Bewegungen sollen sehr verschieden sein und stark variieren: schwingend, kreisend, Achter nach links und rechts, auf verschiedenen Höhen und unterschiedlichen Geschwindigkeiten ...

Erklärung

Die Kugeln symbolisieren zwei Menschen mit einer Gabe. Zweimal das gleiche Talent, aber zwei verschiedene Methoden, mit ihm umzugehen:

Die lose Kugel ist ein Sinnbild für eine Person, die ihre Gabe zwar nutzt, die Grenzen aber nicht wahrnimmt bzw. akzeptiert. Sie erleidet in ihrer Fähigkeit immer wieder Bruchlandungen, weil sie über ihre Grenzen lebt und nicht beim Geber verankert ist. Sie weiß letztlich nicht, wozu ihre Aufgabe dient. Oft liegt hier auch eine falsche Motivation zugrunde. Es geht ihr häufig, ohne dass sie es zugibt, vor allem um sich selbst, das heißt um Anerkennung und Lob. Verletzungen sind vorprogrammiert, denn das Erwartete bleibt immer wieder aus. Es entstehen Enttäuschung, Bitterkeit und manchmal auch Rückzug. Das Resultat: Die Gabe verkümmert und der Mensch lebt nicht gemäß seiner ihm von Gott gegebenen Begabungen.

Anders ist es bei der Person, die die zweite Kugel symbolisiert. Sie kennt und nutzt ihre Begabung. Doch sie hat eine Anbindung nach „oben“. Diese Kugel bewegt sich mal in kleinen langsamen, dann schnellen oder auch großen kraftvollen Drehungen; oder sie schwingt bedächtig auf und ab. Aber sie ist und bleibt befestigt an Gottes Hand. Die Kugel bewegt sich innerhalb der ihr gesetzten Begrenzungen. Die Schnur nach oben gibt ihr Halt und Richtung, ermöglicht Freiheit und kennt nur eine Abhängigkeit - die von Gott. Diese Person ist nicht auf Lob und Anerkennung angewiesen. Deshalb kann sie auch Nein sagen, ohne sich vor Imageverlust zu fürchten. Ihr geht es nicht darum, gut dazustehen. Sie möchte mit ihren Gaben Gott die Ehre geben.

Auf diese Weise wird es möglich, einen verantwortlichen Umgang mit Gaben und Grenzen zu leben.

Hinweis für Mitarbeiter

Wer sich im Vorfeld einen Überblick über Gaben, Persönlichkeit und Fähigkeiten sowie über Potentiale und Risiken von Gaben informieren möchte, findet viele Grundlagen und Praxisimpulse in den Büchern „Explore! Entdecke deine Berufung“. Der Kurs ist im **BORN**-VERLAG (www.bornverlag.de) erschienen. Es werden auch passende Seminare angeboten. Informationen unter www.ec-jugend.de/explore.

13 | Vom Diktat der Mode

1. Samuel 16,7
Doch der Herr sagte zu ihm: „Lass dich von seinem Aussehen und von seiner Größe nicht beeindrucken. Er ist es nicht. Denn ich urteile nach anderen Maßstäben als die Menschen. Für die Menschen ist wichtig, was sie mit den Augen wahrnehmen können; ich dagegen schaue jedem Menschen ins Herz."

Ablauf
1. Einführung (max. 5 Minuten)
2. Kleider und Anlässe (Zuordnungsspiel) (ca. 10 Minuten)
3. Gespräch (ca. 10 Minuten)
4. Kleingruppen (ca. 30 Minuten)
5. Plenum (ca. 15 Minuten)
6. Papierankleidepuppe (ca. 15 Minuten)
7. Impuls (ca. 5 Minuten)

1. Einführung
Menschen haben, anders als Tiere, kein Fell oder Federn zum Schutz gegen Wetter und Verletzungsgefahren. Deshalb benötigen Menschen Kleidung, womit die gefertigte Körperbedeckung einschließlich Fußbekleidung und Kopfbedeckung gemeint ist. Seit Menschengedenken wird Kleidung angefertigt, die seither dem Wandel der Mode unterworfen ist. Als Material dienten ihnen zuerst Tierfelle, später dann auch verschiedene Gewebe, die im Laufe der Zeit immer vielfältiger in Beschaffenheit und Farbe wurden. Die Garderobe wurde schnell auch zum Schmuck und zum Ausdruck sozialer, kultureller und religiöser sowie beruflicher Identität.
Heute spielt Kleidung eine sehr große Rolle. Die ursprüngliche Schutzfunktion ist oft etwas in den Hintergrund getreten und wird vom Diktat der Mode dominiert. Menschen geben in unserer zivilisierten Welt sehr viel Geld für ihr Outfit aus. Sie wollen stets trendy sein. Die meisten von uns besitzen weitaus mehr Hosen, Jacken, Schuhe usw., als sie benötigen. Man möchte ja nicht herum laufen, als sei man von gestern. So wird viel mehr Wert auf das Äußere gelegt als gut ist. Andererseits sollte uns unser Erscheinungsbild auch nicht egal sein. Ein ungepflegtes, schmuddeliges Äußeres könnte als Spiegelbild einer ungeordneten, verwahrlosten Persönlichkeit gedeutet werden. Das Signal, das mit angemessener Kleidung gesetzt wird, ist enorm.
Wie nun halten wir es mit unserem Kleiderschrank? Lassen wir uns vom Diktat der Mode beherrschen oder neigen wir zum anderen Extrem?

2. Kleider und Anlässe (Zuordnungsspiel)

Die Teilnehmerinnen sollen verschiedenen Anlässen die passende Kleidung zuordnen. Als Anlässe werden vorgegeben:
Hausarbeit, Vorstellungsgespräch, Sport, beim Einkaufen, im Büro, Garten-/Renovierungsarbeiten, im Urlaub, im Theater

Material

- verschiedene Kleidung (zu den Anlässen passend) aus Katalogen ausgeschnitten
- je Sparte ca. 10 Stück oder mehr
- Tesafilm

Durchführung

Für das Zuordnungsspiel wird eine glatte Wand (Achtung: keine Tapete) mit danebenstehendem Tisch für die ausgeschnittene Bekleidung benötigt. Die Anlässe werden an die Wand geheftet. Darunter sollen die Kleidungsstücke zugeordnet werden (ausgeschnittene Kleidung mit Tesa an die Wand kleben).

3. Gespräch

Die Teilnehmerinnen kommen in der ganzen Gruppe oder in Zweiergruppen über folgende Fragen ins Gespräch:

Was ist Kleidung?
Zitat aus einem Lexikon: „Kleidung, die in verschiedensten Formen und aus unterschiedlichem Material gefertigte Körperbedeckung einschließlich Unterkleidung, Fußbekleidung und Kopfbedeckung zum Schutz gegen Wetter und Verletzungsgefahren, zur Anpassung des Äußeren an kulturelle, religiöse, standesmäßige und berufliche Gegebenheiten sowie als schmückende und rein modische Veränderung."

Warum wurden die Bilder so zugeordnet?
Wer entscheidet, was richtige bzw. angemessene Kleidung ist?

4. Kleingruppen

Die Teilnehmerinnen werden in drei Gruppen aufgeteilt. In jeder Gruppe erzählen die Teilnehmerinnen, was sie bei den genannten Themen selbst erleben und/oder schon erfahren haben. Da gerade Gruppe 1 und Gruppe 2 Themen sind, die viele Frauen tagtäglich betreffen, wird es viel Gesprächsstoff und Erfahrungsaustausch geben. Die Gruppen erhalten Fragen als Einstieg.

Gruppe 1: **Kleidung und unsere Kinder**
Gruppe 2: **Kleidung und ich**
Gruppe 3: **Die Rolle der Kleidung in der Bibel**

Gruppe 1

Fragen für das Gespräch
Warum spielt Kleidung für Teenager so eine wichtige Rolle?
Wer oder was entscheidet, was gerade „in“ ist?
Wie gehen wir als Mütter damit um?
Welche Möglichkeiten lassen sich finden, Wege zu gehen, mit denen „beide Seiten“ (Eltern und Kinder) leben können?

Gruppe 2

1. These: Äußere Schönheit ist unwichtig, entscheidend ist allein der Charakter.
2. These: Menschen wirken allein durch ihr Auftreten und ihr äußeres Erscheinungsbild, was sie denken und wie sie sind zählt nicht.

Fragen für das Gespräch
Welcher These können wir zustimmen?
Wie geht es uns mit dem Diktat der Mode?
Wie geht es uns mit Menschen, die sich dem Diktat mehr oder weniger als wir unterwerfen?

Gruppe 3

1. Mose 3,21: *Gott, der Herr, machte für die beiden Kleider aus Fell.*
1. Mose 37,3: *Jakob liebte Josef mehr als die anderen Söhne, weil er ihn noch im hohen Alter bekommen hatte. Darum ließ er für ihn ein besonders vornehmes und prächtiges Gewand anfertigen.*
Jesaja 61,10: *Ich freue mich über den Herrn und juble laut über meinen Gott! Denn er hat mir seine Rettung und Hilfe geschenkt. Er hat mich damit bekleidet wie mit einem schützenden Mantel. Nun stehe ich da wie ein Bräutigam mit festlichem Turban, wie eine Braut im Hochzeitsschmuck.*

Matthäus 6,28-33: *Weshalb macht ihr euch so viele Sorgen um eure Kleidung? Seht euch an, wie die Lilien auf den Wiesen blühen! Sie können weder spinnen noch weben. Ich sage euch, selbst König Salomo war in seiner ganzen Herrlichkeit nicht so prächtig gekleidet wie eine dieser Blumen. Wenn Gott sogar das Gras so schön wachsen lässt, das heute auf der Wiese grünt, morgen aber schon verbrannt wird, wie könnte er euch dann vergessen? Vertraut ihr Gott so wenig? Zerbrecht euch also nicht mehr den Kopf mit Fragen wie: 'Werden wir genug zu essen haben? Und was werden wir trinken? Was sollen wir anziehen?' Mit solchen Dingen beschäftigen sich nur Menschen, die Gott nicht kennen. Euer Vater im Himmel weiß doch genau, dass ihr dies alles braucht. Sorgt euch vor allem um Gottes neue Welt, und lebt nach Gottes Willen! Dann wird er euch mit allem anderen versorgen.*

Fragen für das Gespräch
Welche Aussage macht der Text?
Welche Rolle spielen dabei Kleider?
Gibt mir der Text einen persönlichen Anstoß?

---

5. Plenum

Im Plenum berichtet jede Gruppe, was ihnen wichtig geworden ist. Wenn noch genügend Zeit ist, können die jeweiligen Gruppenfragen zur Diskussion in der großen Runde gestellt werden. Die Teilnehmerinnen können einander praktische Tipps für den Alltag geben.

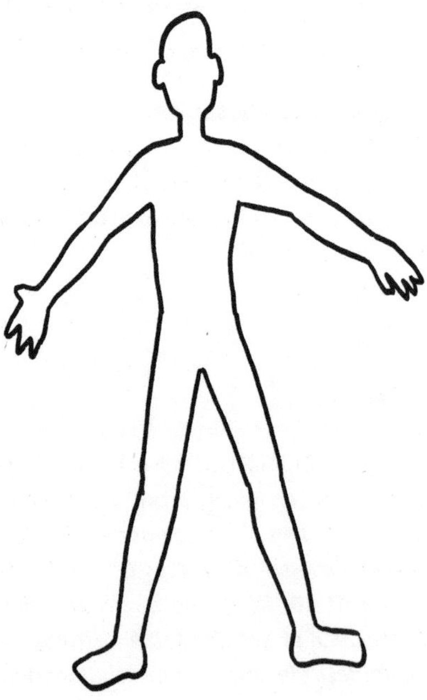

6. Papierankleidepuppe

Wer kennt nicht von früher die Papierankleidepuppen zum Ausschneiden?

Die Kopiervorlage wird auf festes Papier kopiert und ausgeschnitten.

7. Impuls

Kleidung spielt heute eine wichtige Rolle. Wir dürfen uns daran freuen und damit unsere Befindlichkeit zum Ausdruck bringen. Aber wir müssen auf der Hut sein, dem Diktat der Mode nicht zu verfallen. Mode ist schnelllebig. Was heute in ist, wird morgen schon unansehnlich. So fallen viele Kleidungsstücke Altkleidersäcken zum Opfer, obwohl sie kaum getragen wurden. Diese Verschwendung frisst einen beträchtlichen Teil des Gehalts.

Die Medien wollen uns weismachen, dass Trendsetter die Gewinner der Gesellschaft sind und damit Erfolg, Beliebtheit und Glück vorprogrammiert ist. Dass das leere Versprechungen sind und bei so viel Äußerlichkeit leere Herzen zurückbleiben, wird natürlich nicht erwähnt. Schnell lassen wir uns von diesem Trend mitreißen.

Sich vorwiegend über das äußere Erscheinungsbild zu identifizieren ist eine Gefahr. Es ist wichtig, zwischen innerer und äußerer Schönheit zu unterscheiden.

Eine adrette modische Erscheinung setzt positive Signale. Doch kann man nicht von der Fassade auf das Innere schließen. Der Schein ist manchmal sehr trügerisch. Wir Menschen lassen uns gerne vom Äußeren blenden, von Stattlichkeit und Schönheit beeindrucken, doch bei Gott ist das ganz anders: In der biblischen Geschichte der Berufung des Königs David wird berichtet, dass Gott Samuel ermahnte, sich nicht von Äußerlichkeiten leiten zu lassen: *Doch der Herr sagte zu ihm: „Lass dich von seinem Aussehen und von seiner Größe nicht beeindrucken. Er ist es nicht. Denn ich urteile nach anderen Maßstäben als die Menschen. Für die Menschen ist wichtig, was sie mit den Augen wahrnehmen können; ich dagegen schaue jedem Menschen ins Herz“* (1. Samuel 16,7).

Gott können wir nichts vormachen. Für eine positive oder negative Beurteilung ist bei ihm das Outfit nicht ausschlaggebend. Er schaut viel tiefer. Vor ihm können wir mit Kleidung nichts verbergen oder wegkaschieren. Für Gott sind wir sozusagen nackt und bloß. Ihn interessiert unser Herz. Ist es ihm zugewandt: *Denn wo dein Schatz ist, da wird auch dein Herz sein* (Matthäus 6,21)?

Was ist uns wichtig und woran hängen wir? Wenn unser Herz an Gott hängt und er uns wertvoll und kostbar ist, wird Gottes Urteil über uns positiv ausfallen. Wir dürfen uns ansprechend kleiden, sollen uns aber nicht davon bestimmen lassen. Was in der Konsequenz auch bedeutet, dass wir versuchen sollten andere Menschen mit Gottes Augen zu sehen: nämlich ihr Herz anschauen und uns nicht vom Aussehen imponieren oder abschrecken lassen.

Der Bibelvers aus 1. Samuel 16,7 wird auf hellblauen Fotokarton kopiert oder gedruckt und jeder Teilnehmerin mit nach Hause gegeben.

14 | Von allen guten Geistern verlassen

oder: Pfingsten

Apostelgeschichte 2,1-13

Zum Beginn des jüdischen Pfingstfestes waren alle Jünger wieder beieinander. Plötzlich kam vom Himmel her ein Brausen wie von einem gewaltigen Sturm und erfüllte das ganze Haus, in dem sie sich versammelt hatten. Zugleich sahen sie etwas wie züngelndes Feuer, das sich auf jedem Einzelnen von ihnen niederließ. So wurden sie alle mit dem Heiligen Geist erfüllt und redeten in fremden Sprachen, jeder so, wie der Geist es ihm eingab. Zum Fest waren viele fromme Juden aus aller Welt nach Jerusalem gekommen. Als sie das Brausen hörten, liefen sie von allen Seiten herbei. Fassungslos hörte jeder die Jünger in seiner eigenen Sprache reden. „Wie ist das möglich?", riefen sie außer sich. „Alle diese Leute sind doch aus Galiläa, und nun hören wir sie in unserer Muttersprache reden; ganz gleich, ob wir Parther, Meder oder Elamiter sind. Andere von uns kommen aus Mesopotamien, Judäa, Kappadozien, Pontus und der Provinz Asia, aus Phrygien, Pamphylien und aus Ägypten, aus der Gegend von Kyrene in Libyen und selbst aus Rom. Wir sind Juden oder Anhänger des jüdischen Glaubens, Kreter und Araber. Doch jeder von uns hört diese Männer in seiner eigenen Sprache von Gottes großen Taten reden!" Bestürzt und ratlos fragte einer den anderen: „Was soll das bedeuten?" Einige aber spotteten: „Die haben doch nur zu viel getrunken!"

Thema: Der Heilige Geist

Der Heilige Geist ist als Person der Dreieinigkeit für Christen oft schwer zu fassen. Vor allem Frauen, die noch auf der Suche nach Gott bzw. am Anfang ihres Glaubenslebens stehen, haben meistens keine konkrete Vorstellung, wer oder was der Heilige Geist ist.

Dieser Stundenentwurf ist eine Möglichkeit, spielerisch und auf eine leichte Weise die Pfingstgeschichte kennen zu lernen und dabei auch noch etwas über den Heiligen Geist zu erfahren.

Ablauf

1. Einführung (max. 5 Minuten)
2. Pfingstspiel (ca. 80 Minuten)
3. Geistlicher Impuls (ca. 10 Minuten)

1. Einführung

Die Menschheit ist von allen guten Geistern verlassen - oder doch nicht? Schon immer wollte das Individuum hoch hinaus, um sich ein Denkmal zu setzen und somit unsterblich zu machen. Das trieb und treibt es bis heute an: den Fortschritt ständig voranzubringen.

Doch oft schießen die Menschen dabei über das Ziel hinaus und überfordern sich. Fortschritt, Fortschritt über alles! Rasend schnell entwickeln sich die technischen Möglichkeiten. Kommunikation ist heute auf unendlich viel mehr und schnelleren Ebenen möglich als noch vor 100 Jahren. Und doch wird der Mensch immer einsamer. Er kommuniziert immer oberflächlicher und geistloser per SMS, E-Mail und Chat. Menschen brauchen einander, sind darauf angewiesen, miteinander zu reden.

In der Geschichte vom „Turmbau zu Babel“ wird beschrieben, wie die Kommunikation zwischen den Erdenbürgern zusammenbrach. Das Miteinander wurde unmöglich, weil sie sich Gott gleichstellen wollten. Die Gottesbeziehung spielte keine Rolle mehr. Die Menschen wollten sich einen Namen machen und sich eine sichere Position verschaffen. Das Ergebnis war völlige Verunsicherung, weil keiner mehr den anderen verstand. Der Mensch war sozusagen von allen guten Geistern verlassen, indem er versuchte, seinen Geist immer höher schweben zu lassen.

In direkter Beziehung dazu steht die Pfingstgeschichte. Sie ist die Umkehrung der alttestamentlichen Sprachverwirrungsgeschichte. Hier setzte Gott die Sprachbarriere außer Kraft, sodass Verständigung unter Menschen wieder möglich wurde. Gottes guter Geist kommt auf die Menschen, die seinen Sohn Jesus Christus als ihren Herrn und Erlöser in ihr Leben aufnehmen. Gesunde Beziehung und Kommunikation wird wieder möglich. Zum einen mit Gott, zum anderen mit dem Mitmensch. Der Mensch ist nicht mehr von allen guten Geistern verlassen, sondern mit Gottes gutem Geist erfüllt.

2. Pfingstspiel

Material

- Spielplan (vergrößern)
- dicker Stift, um erledigte Aufgaben durchzustreichen
- Spiel Jenga (kann in Büchereien ausgeliehen werden)
- Sanduhr (1 Minute)
- Schriften dieser Welt (muss so zerschnitten werden, dass die Zuordnung ähnlich wie beim Memory möglich wird)
- Wertungstabelle
- 1 Tüte Russischbrot

Vorbereitung
Die Teilnehmerinnen bekommen Informationen über die beiden biblischen Geschichten. Dazu erhält jede Gruppe die Geschichte vom Turmbau zu Babel (1. Mose 11,1-9) und die Pfingstgeschichte (Apostelgeschichte 2,1-13) aus einer Kinderbibel. (Es kann aber auch eine moderne Übersetzung der Bibel als Informationsquelle dienen.) Die Aufgabe ist, die Geschichten gemeinsam zu lesen, um optimal auf das Quizspiel vorbereitet zu sein.
Dauer: ca. 5-10 Minuten

Das Spiel

Spielregeln
Das Spiel wird in zwei Gruppen gegeneinander gespielt. An der Wand hängt für alle sichtbar der Spielplan (Kopiervorlage siehe unten - bitte vergrößern). Jede Gruppe darf sich abwechselnd eine Aufgabe aus den vier Themenbereichen aussuchen. Der Moderator liest die jeweiligen Fragen bzw. Aufgaben aus dem Aktionsbereich vor. Bevor die Gruppe antwortet, muss sie miteinander beraten und gemeinsam zu einer Lösung kommen.
Bei richtigen Lösungen bekommt die Gruppen die Punkte entsprechend der gewählten Aufgabe. Wurde die Frage falsch beantwortet, wird sie an die andere Gruppe weitergegeben. Bei richtiger Antwort erhält diese dann die Punkte. Die Bereiche sollten nicht nacheinander abgearbeitet, sondern der Abwechslung wegen besser durcheinander gelöst werden.

Spielplan

Aktion	Turmbau	Pfingsten	Brauchtum
20	20	20	20
40	40	40	40
60	60	60	60
80	80	80	80
100	100	100	100

Themenbereiche

Aktion: Spiele rund um den Turmbau zu Babel und die Pfingstgeschichte
Turmbau zu Babel: Geschichte der Sprachverwirrung (1. Mose 11,1-9)
Pfingstgeschichte: Ausgießen des Heiligen Geistes (Apostelgeschichte 2,1-13)
Brauchtum: Fragen zum Pfingstfest und der Tradition

Aktion

Hinweis: Bei Aktion 20, 40 und 60 spielt immer nur die Gruppe, die ausgesucht hat. Die Gruppe bestimmt einen Akteur, der den jeweiligen Begriff entweder zeichnet, umschreibt oder pantomimisch darstellt. Die Gruppe hat eine Minute Zeit, den Begriff zu erraten (Sanduhr).

20 Male den Begriff „Brieftaube“!
40 Umschreibe das Wort „Lumpenpack“!
60 Pantomime ohne Geräusche: „Marschmusik“
80 Jenga spielen. Hinweis: Bei der Aktion sind beide Gruppen gleichzeitig beteiligt. Jede Gruppe darf abwechselnd ein Hölzchen entfernen und oben auflegen. Innerhalb der Gruppe sollte der Reihe nach jede Teilnehmerin an die Reihe kommen. Die Gruppe, die den letzten Stein oben abgelegt hat, ohne den Turm umzuwerfen, bekommt die Punkte.
100 Sprachenkenntnis. Welche Gruppe kann z.B. den Begriff „Glaube“ in den meisten Sprachen sagen? Hinweis: Bei der Aktion sind beide Gruppen gleichzeitig beteiligt. Es erhält die Gruppe die Punkte, die die meisten Sprachen kennt.

Turmbau

20 Wie hieß die Stadt, in der der Turm gebaut wurde? (Babel)
40 Warum wurde dieser Turm nie fertig gestellt? (Sprachverwirrung)
60 In welchem biblischen Buch steht die Geschichte? (1. Mose)
80 Welche Geschichte wird vor dem Turmbau erzählt? (Noah)
100 Joker

Pfingstgeschichte

20 Warum waren so viele Nationalitäten in Jerusalem versammelt? (Pfingsten = jüdisches Erntedankfest, hieß damals schon Pfingsten)
40 Was bewirkt der Heilige Geist in den Jüngern? (die Jünger fingen an, in anderen Sprachen zu predigen)
60 Wer hielt die Pfingstpredigt? (Petrus)
80 Welches Phänomen trat auf? (Wind)
100 Von was redeten die Jünger? (Von Jesus, der von den Toten auferstanden war)

Brauchtum

20 Welches Tier symbolisiert Pfingsten? (Taube)

40 Welche bekannte Pflanze verdankt diesem Fest ihren Namen? (Pfingstrose)

60 Welches Fest feiern wir zehn Tage vor Pfingsten? (Himmelfahrt)

80 Was feierte man in Israel 50 Tage nach dem Passahfest? (Pfingsten)

100 Mit welchem Sonntag im Kirchenjahr beginnt der Osterfestkreis? (Palmsonntag)

Ende des Spiels

Wenn alle Felder ausgestrichen, d.h. alle Aufgaben erfüllt sind, werden die Spielpunkte zusammengezählt. Die Sieger gewinnen eine Tüte Russischbrot.

3. Geistlicher Impuls

Ein großes, blaues Tuch wird auf dem Boden ausgebreitet, darauf liegt ein Blatt mit der Beschriftung „Der Heilige Geist ist wie ...“. Um das Papier sind Gegenstände angeordnet, die den Heiligen Geist symbolisieren sollen. Jeder Gegenstand hat eine Beschriftung und eine Erklärungen daneben liegen.

Wie ist der Heilige Geist?

Nach der Auferstehung war Jesus noch 50 Tage auf der Erde. Seit Himmelfahrt war er nicht mehr sichtbar bei seinen Jüngern. Ihnen fehlte der Schutz und die Ermutigung. Es war wie bei Kindern, deren Eltern plötzlich nicht mehr da sind. Doch Jesus hatte gesagt, dass er seine Jünger nicht allein zurücklassen würde. Er schickte ihnen seinen Heiligen Geist.

Wir Christen tun uns manchmal etwas schwer mit diesem Heiligen Geist. Er lässt sich viel schwerer erklären als Gott der Vater oder Jesus der Sohn.
Die Bibel benutzt verschiedene Bilder und Vergleiche, um den Heiligen Geist besser zu verstehen.

Material

1. Symbol: WASSER - eine mit Wasser gefüllte Schüssel
2. Symbol: FEUER - eine Kerze und Streichhölzer
3. Symbol: SIEGEL - ein Briefumschlag, der mit Siegellack verschlossen wurde (Erklärung ist im Briefumschlag)
4. Symbol: WIND - ein Bodenventilator und mehrere Fläschchen Seifenblasen

- blaues Tuch

Die Erklärungen

Wasser

Wasser spendet Leben. Ohne Wasser kann nichts wachsen und gedeihen. Wasser erfrischt den Müden und Erschöpften. Wasser stillt den Durst. Wasser reinigt vom Schmutz.

So ist auch der Heilige Geist:
Er stillt unseren Lebensdurst. Er lässt Glauben wachsen und gedeihen. Er zeigt mir, wo ich „Deck am Stecken“ habe und Reinigung nötig ist.

Feuer

Feuer wärmt in der Kälte. Feuer dient als Lichtquelle und macht Orientierung möglich. Feuer neigt dazu, sich auszubreiten und anderes anzuzünden.

So ist auch der Heilige Geist:
Er vermittelt Gottes Geborgenheit. Er verhilft zum klaren Durchblick, um den richtigen Weg zu finden. Er entzündet im Herzen eine Begeisterung für Gott und sein Wort, die ansteckend wirkt.

Siegel

Ein Siegel dient zur Kennzeichnung eines Eigentums. Ein Siegel dient zur Echtheitsbestätigung von Dokumenten.

So ist auch der Heilige Geist:
Ein Christ gehört nicht mehr sich selbst, sondern dem lebendigen Gott. Der Heilige Geist, der auch Gott ist, wohnt jetzt in diesem Menschen. Der Heilige Geist bewirkt, dass dieser Mensch Stück um Stück in seinem Leben und Glauben echt wird. Dieses Echt-Sein ist das Gegenteil von Heuchelei. Das Siegel ist wie ein Echtheitszertifikat.

Wind

Den Wind kann man nicht sehen, lediglich das Wirken des Windes ist sichtbar: Bäume biegen sich. Segelboote setzen sich in Bewegung. Blätter tanzen im Wind. Meistens bläst er aus einer Richtung.

So ist auch der Heilige Geist:
Man kann ihn so wie Luft und Wind nicht sehen, doch man sieht, was er bewirkt: Er setzt Menschen in Bewegung, lässt sie nicht dort stehen, wo sie sich vielleicht festgefahren haben. Er wirkt und bringt sie in die richtige, d.h. Gottes Richtung.

Sein wie ein Blatt im Wind, das orientierungslos mal in diese oder jene Richtung flattert, das sich den Meinungsmachern der Welt anpasst, soll nicht mehr sein.
Der Heilige Geist bläst in eine Richtung zum Ziel hin. Das Ziel ist: Als Kind Gottes die Ewigkeit bei Gott verbringen. Das alles kann Gottes Geist in uns wirken, wenn wir es wollen und zulassen.

Durchführung

1. WASSER (Schüssel mit Wasser)
→ die Erklärung, die bei der Wasserschüssel liegt, von einer Teilnehmerin vorlesen lassen

2. FEUER (Kerze und Streichhölzer)
Kerze vor dem Lesen anzünden
→ die Erklärung, die bei der Kerze liegt, von einer Teilnehmerin vorlesen lassen

3. SIEGEL (Briefumschlag, der mit Siegellack verschlossen wurde)
→ eine Teilnehmerin liest den Text aus dem Briefumschlag vor

4. WIND (Bodenventilator und Seifenblasen)
Vor dem Vorlesen des vierten Symbols wird der Ventilator auf höchster Stufe eingeschaltet. Je zwei Teilnehmerinnen bekommen gemeinsam ein Fläschchen Seifenlösung mit der Aufgabe, so viele Seifenblasen wie möglich herzustellen und sie in Richtung des Luftstroms zu pusten. Es entsteht ein wunderschönes Bild von rasant in eine Richtung wirbelnder Seifenblasen.
→ die Erklärung, die beim Ventilator liegt, von einer Teilnehmerin vorlesen lassen

15| Wenn der Kragen platzt

vom Umgang mit Aggressionen

Epheser 4,26.31
Wenn ihr zornig seid, dann ladet nicht Schuld auf euch, indem ihr unversöhnlich bleibt. Lasst die Sonne nicht untergehen, ohne dass ihr einander vergeben habt. Mit Bitterkeit, Jähzorn und Wut sollt ihr nichts mehr zu tun haben. Schreit einander nicht an, redet nicht schlecht über andere, und vermeidet jede Feindseligkeit.

Ablauf
1. Einführung (ca. 5 Minuten)
2. Austausch (ca. 5 Minuten)
3. Test zur Selbsteinschätzung (ca. 5 Minuten)
4. Kleingruppen (20-30 Minuten)
5. Plenum (ca. 15 Minuten)
6. Impuls (ca. 5 Minuten)
7. Abschluss (ca. 3 Minuten)

1. Einführung
Ärger, Wut und Zorn sind Gefühle, mit denen Menschen immer wieder bei sich selbst oder anderen konfrontiert werden. Aggressionen äußern sich in unterschiedlichen Erscheinungsformen. Das Repertoire reicht vom scheinbar harmlosen Nörgeln bis zur handgreiflichen Prügelei oder schlimmer. Allgemein könnte der Verdacht entstehen, dass Aggression eine schlechte, anlagebedingte Eigenschaft sei, die unbedingt bekämpft werden muss. Das ist so nicht richtig. Jeder Mensch trägt ein Aggressionspotenzial in sich. Das Muster, wie darauf reagiert wird, ist durch Vorbilder erlernt. Zorn ist ein heftiges Gefühl, das eine gewaltige Energie freisetzen kann. Diese Energie muss nicht zwangsläufig zerstörend wirken. Aggressivität ist ein Potenzial, das hilft das Leben in Angriff zu nehmen. Die aggressive Mobilisierung der Kräfte ermöglicht eine gezielte Anstrengung. Sie ist wie ein positiver Schub, der als Motor wirkt und dabei hilft Probleme in Angriff zu nehmen und zu überwinden. Sie ist wie Kraftstoff, der zwar explosiv ist, richtig benutzt aber auch z.B. ein Auto zum Ziel bringt. Dieses Potenzial richtig zu nutzen und die Kraft in gute Bahnen zu lenken, ist nicht ganz einfach, kann aber erlernt werden.

2. Austausch

Die Teilnehmerinnen können von im Alltag selbst erlebten Wutausbrüchen und Situationen voller Wut und Aggression berichten.

Ergänzend kann über die Fragen
Wie wirkt ein Wutausbruch auf uns?
Wie reagieren wir, wenn jemand ausrastet?
gesprochen werden.

3. Test zur Selbsteinschätzung

Material
- Stifte
- Test (Kopiervorlage siehe unten)

Durchführung
Die Teilnehmerinnen werden aufgefordert, den Test still für sich auszufüllen. Der Test dient lediglich zur besseren Selbsteinschätzung und dafür, sich im Vorfeld ein Bild über mögliche Aggressionsauslöser und Aggressionsformen zu machen. Es erfolgt daher keine gemeinsame Auswertung.

Persönlicher Fragebogen zum Umgang mit Aggressionen

1. Was macht mich aggressiv? (Mehrfachankreuzung möglich)

Aggressionsauslöser	sehr	etwas	manchmal	kaum	nie
Bedrohung					
Angst					
Verletzung/Beleidigung					
Frustration					
unerreichte Ziele					
hohe Erwartungen/Fehler					
Ungerechtigkeit/Unwahrheit					
Hilflosigkeit					
Schuldgefühle					
Ungeborgenheit					
Stress					
anderes, zum Beispiel:					

2. Welche Arten des Umgangs mit Aggressionen sind bei mir üblich?
(Mehrfachankreuzung möglich)

Äußerung von Aggression	**immer**	**häufig**	**manchmal**	**selten**	**nie**
Jähzorniges Explodieren: Zerstörungswut, Anschreien/Rumschreien, andere schlagen, Türen knallen, mit den Füßen stampfen, Ähnliches, z.B.:					
Verdrängen, körperlich reagieren: Kopfschmerzen, Magen-schmerzen, Durchfall, übermäßiges Essen, Appetit-losigkeit, Bluthochdruck, Erschöpfungszustände, Nervenzusammenbrüche, Schlaflosigkeit, Ähnliches, z.B.:					
Selbstbestrafung: negative Gedanken über sich, Selbstverurteilung, negative Selbstgespräche, innere Schuldzuweisung, immer höhere Forderungen an sich stellen, Depressionen, Ähnliches, z.B.:					
Heimliche Aggressionen: Sabotage, Sarkasmus, nörgeln, schmollen, Rückzug, Liebesentzug, Ähnliches, z.B.:					

4. Kleingruppen

Die Teilnehmerinnen werden in drei Gruppen aufgeteilt und sollen über die jeweilige Themenstellung miteinander ins Gespräch kommen. Ein Einstieg kann auch gut über die im ersten Austausch von den Teilnehmerinnen beschriebenen Situationen erfolgen.

Gruppe 1: **Wie kommt es zur Aggression/Wut?**
Gruppe 2: **Formen der Aggression**
Gruppe 3: **Hilfen, um unangebrachte Aggressionsformen zu überwinden**

Gruppe 1: Wie kommt es zur Aggression/Wut

Bei Wut, Zorn und Ärger geht es im Grunde immer um einen empfundenen Mangel. Ob er schon eingetreten ist oder nur befürchtet wird, spielt dabei keine Rolle. Andauernde Enttäuschungen und ungestillte Bedürfnisse sind der Nährboden für die Entwicklung einer Aggressionsbereitschaft.

Drei Ursachen für Aggressionen

„Mir fehlt etwas“

Sind meine menschlichen Grundbedürfnisse über eine längere Zeit nicht gestillt, entsteht ein Vakuum. Dazu gehören der Wunsch nach Schlaf, Ruhe, Nahrung, Geborgenheit, Anerkennung, Bewegung und vieles andere mehr. Wir suchen nach Möglichkeiten, diesem Mangel abzuhelfen. Gelingt es nicht, werden wir empfindlich und dünnhäutig. Wir fangen besonders dann an uns zu ärgern, wenn andere Menschen an diesem Mangel schuldig sind.
Beispiel: Wird eine Mutter permanent durch ihr schreiendes Baby vom Schlaf abgehalten, kann der Schlafentzug Aggressionen auslösen.

Angst

Ist der Mangel noch gar nicht eingetreten, kann schon die Angst davor Aggressionen auslösen. Das ist vor allem dann der Fall, wenn der tatsächliche Mangel bereits schon einmal durchlebt bzw. aus nächster Nähe beobachtet wurde.
Beispiel: Noch Jahre später reagiert eine Mutter bei nächtlichen Störungen aggressiv, aus Angst vor dem früher erlittenen Schlafentzug.

„Mittel zum Zweck“

Aggressionen sind immer zielgerichtet und wollen etwas bewirken.

Manipulation: „Wenn du die Zahnpastatube schließen würdest, müsste ich nicht wütend werden.“
Macht: Autorität wird durch Lautstärke und aggressives Verhalten demonstriert. Das Gegenüber soll eingeschüchtert werden.
„Schau her!“: „Besser negative Aufmerksamkeit auf sich ziehen als gar keine!“
Genugtuung: Heimliche Aggressionen zeigen sich oft durch versteckte Rache. Sie findet getarnt statt, z.B. durch Verweigerung oder Depression (Wut nach innen). Es ist der verdeckte Wunsch, einen erfahrenen Mangel dem dafür Verantwortlichen heimzuzahlen.

Fragen für das Gespräch
Woran liegt es, dass Menschen zornig werden?
Wozu können Zorn/Wutanfälle im zwischenmenschlichen Zusammenleben benutzt werden?
Gibt es Wege aus der Wutfalle?

Gruppe 2: Formen der Aggression

Offene Aggression → heimliche Aggression

Jähzorniges Explodieren (Dinge zerstören, schlagen ...)	herum schreien, beschimpfen	verdrängen, körperlich reagieren (z.B. Kopf/ Magen, Schlaflosigkeit ...)	heimliche Aggression, nörgeln, Sarkasmus, Liebesentzug ...	Selbstbestrafung, Selbstverurteilung, Depression, Selbstverletzung, ...

Zorn, Ärger und Wut äußern sich in unterschiedlichster Weise (siehe Test). Offen gezeigte Aggressionen sind meist sehr explosiv und oft auch zerstörend. Sowohl Gegenstände als auch Beziehungen werden durch die ungefilterten Zornesausbrüche beschädigt. Innerhalb weniger Sekunden kann ein mühsam aufgebautes Vertrauensverhältnis zerstört werden.
Doch auch die scheinbar salonfähigen Aggressionsformen sind gefährlich. Wird Zorn unterdrückt und nicht eingestanden, sucht er sich andere Wege, die nicht weniger zerstörend wirken. Unterdrückte Aggression beginnt sich mit der Zeit in eine heimliche und destruktive Form zu verwandeln und richtet sich dann gegen den Betreffenden selbst. Dies kann im Extremfall bis zum Suizid gehen.

Fragen für das Gespräch

Zwischen welchen Formen der Aggressionsäußerung kann man unterscheiden?
Wie wirkt sich offene Aggression auf Beziehungen aus?
Wie wirkt sich heimliche Aggression auf Beziehungen aus?
Gibt es Wege Aggressionen nicht zu verdrängen, d.h. zuzulassen, dabei aber angemessen zu reagieren?

Gruppe 3: Hilfen zum Umgang mit Zorn

Aggressionen destruktiv auszuleben bewirkt meist Zerstörung: demolieren von Gegenständen und Beziehungen. Doch den Zorn hinunterschlucken bewirkt eine negative Zersetzung des Selbstbilds. Beides sind wenig hilfreiche Formen, um Aggressionen zu bewältigen. Wir dürfen vor der Wucht dieser starken Gefühle nicht kapitulieren.

Es gibt Wege Zorn in gute Bahnen zu lenken, ohne dass er sich irgendwann gegen die eigene Person richtet:

Neubewertung

Wie ich eine Situation bewerte, schlägt sich in meinen Gefühlen nieder. Bin ich davon überzeugt, dass mir jemand Böses will, reagiere ich schneller aggressiv. Beispiel: Die Kassiererin verzählt sich beim Geldherausgeben. Denke ich, sie macht es mit Absicht, um sich zu bereichern, werde ich sauer reagieren. Sage ich mir, dieses Versehen kann jedem passieren, werde ich sie höflich und ohne Groll darauf aufmerksam machen.

Vor dem Reagieren tief Luft holen und leise auf 10 Zählen

Hilfreich ist der Mechanismus bei aufsteigenden Aggressionen eine Art innere Pausenglocke zu läuten. Das bedeutet, sich kurz mental aus der Situation ausklinken. Den Vorfall etwas von sich wegschieben und aus der Distanz betrachten = objektivieren (objektivieren heißt: subjektive Wahrnehmungen auf einer neutralen objektiven Ebene betrachten). Dies hilft dabei, nicht sofort und offen Ärger und Aggressionen zu zeigen und somit auf das spontane Ausleben von aggressiven Gefühlen zu verzichten. Achtung: Das bedeutet allerdings nicht, diese Gefühle totzuschweigen und verdrängen zu müssen (siehe 3.)

Zu einem späteren Zeitpunkt klärendes Gespräch suchen

Ein klärendes Gespräch bei hochschwappenden Emotionen ist selten möglich. Deshalb kann es manchmal besser sein, dieses zu einem späteren Zeitpunkt nachzuholen. Doch sollte zuvor gut überlegt werden, ob ein solches angebracht ist. Denn nicht alles muss ausdiskutiert und wiedergekäut werden.

Körperliches Abreagieren
Manchen Menschen hilft es, sich im stillen Kämmerlein oder der Natur körperlich abzureagieren. Zu diesem Zweck kann ein Kissen mit Boxhieben bearbeitet werden oder ein strammer Marsch im Freien dienen.

Bei Gott abladen
Sich bei Gott auszuklagen, bei ihm das vermeintlich erlittene Unrecht abzuladen, kann ein Explodieren verhindern. Wir holen uns damit sinnbildlich „Gott ins Boot" und bitten ihn, unsere überschwappenden Wogen zu glätten. Diese „innere Sturmstillung" ermöglicht mehr Rationalität.

Fragen für das Gespräch
Gibt es konstruktive Möglichkeiten, mit Aggressionen umzugehen?
Wurden solche Hilfen schon im Alltag angewendet?
Wenn ja, haben sie funktioniert?

5. Plenum

Im Plenum geben die Gruppen einen kurzen Überblick über ihr Thema.
Was sich im Gespräch als besonders hilfreich erwiesen hat, kann hier als Tipp weitergegeben werden.

6. Impuls

Er war ein zurückhaltender Mann, demütiger als alle anderen Menschen auf der Welt (4. Mose 12,3).

Wie kann es sein, dass die Bibel eine solche Aussage über den Mörder Mose macht?
In seiner ersten Lebenshälfte war er ein zum Zorn neigender Hitzkopf, der Ungerechtigkeiten auf seine Art löste. Mose, der als ägyptischer Prinz viele Privilegien und eine gute Ausbildung genoss, wurde Zeuge einer Prügelei. Er zögerte nicht lange, erschlug den Übeltäter und verscharrte ihn im Sand (2. Mose 2,11-15). Welch ein hohes Aggressionspotenzial war für diesen Mord nötig? Der Mord flog auf und Mose musste fliehen. Die kommenden Jahre veränderten Mose grundlegend. Gott nahm ihn in seine Lebensschule, die ihren Höhepunkt in seiner Berufung zum Führer Israels fand. Nach dem Auszug aus Ägypten murrte das Volk immer wieder und machte ihn für ihren Mangel ver-

antwortlich. Ihm geschah ständig Unrecht. Es gab fortwährend Situationen, die ihn zum Zorn verleiten konnten. Doch Mose reagierte fast nie wütend, ausgenommen die Situation am Haderwasser, als er voller Wut auf den Felsen schlug (4. Mose 20,2-13). Nicht dass er seine Aggressionen einfach ignorierte und totschwieg, er flüchtete damit zu Gott. Immer wieder klagte er sich bei ihm aus und bat ihn um Hilfe, die er dann auch bekam. Als seine Geschwister Miriam und Aaron gegen ihn intrigierten und das Volk gegen ihn aufhetzten, hätte er Anlass genug gehabt „Dampf abzulassen" und ihnen zu zeigen, wer hier das Sagen hat. Doch Mose war demütig. Ihm ging es weder um Macht noch um Aufmerksamkeit, sondern allein um wahrhaft echten Frieden, nicht um seine Rechtsprechung, sondern um die Rechtfertigung seiner Geschwister vor Gott. Er hatte nicht sich im Blick, sondern Miriam und Aaron. In diesem Zusammenhang steht die Aussage, Mose sei der sanftmütigste Mensch auf Erden (4. Mose 12,1-13). Welch eine Verwandlung! Sie wurde durch Gottes Schule möglich. Auch wir können lernen unsere Aggressionen in gute Bahnen zu lenken: den hochexplosiven Kraftstoff in Treibstoff zu verwandeln. Wenn uns Aggressionen in Gottes Arme treiben, kann er uns verändern. Doch Veränderung passiert nicht, indem uns Gott einfach Güte gibt, obwohl er es könnte, Veränderung geschieht, indem er uns wie Mose viele Trainingsmöglichkeiten gibt und wir uns regelmäßig bei ihm ausklagen.

7. Abschluss

mit dem Lied „Allein deine Gnade genügt".

16| Schlaraffenkinder

Erziehung im Überfluss

Sprüche 22,6
Erziehe dein Kind schon in jungen Jahren - es wird die Erziehung nicht vergessen, auch wenn es älter wird.

Ablauf
1. Einführung (ca. 5 Minuten)
2. Würfelspiel: „Immer mehr" (ca. 10 Minuten)
3. Austausch (ca. 10 Minuten)
4. Geschichte (ca. 2 Minuten)
5. Impuls (ca. 5 Minuten)
6. Kleingruppen (20-30 Minuten)
7. Plenum (ca. 15 Minuten)
8. Abschluss (ca. 2-3 Minuten)

1. Einführung ins Thema

Unser Leben gleicht dem Leben im Schlaraffenland. Alles, was das Herz begehrt, kann gekauft oder gemacht werden. Träume, Bedürfnisse und Ansprüche werden durch die Werbung ständig neu entfacht. Durch Kredit und Ratenzahlung wird die schnelle Wunscherfüllung auch ohne das nötige Bargeld möglich. Warten oder gar Verzichten sind Werte, die zunehmend verloren gegangen sind. Kinder müssen diese Erfahrungen weitaus weniger machen als Generationen vor ihnen. Sie bekommen Wünsche erfüllt, ohne sich lange gedulden zu müssen. War es vor fünf Jahren noch üblich, das begehrte Handy zur Konfirmation zu bekommen, so besitzen heute vielfach schon Grundschulkinder eines. Genauso ist es mit dem eigenen Fernseher und Computer. Diese praktizierte Wunscherfüllungsmentalität bewirkt eine starke Ichbezogenheit. Spaß und Bedürfnisbefriedigung stehen ganz oben auf der Prioritätenliste. Es entsteht eine verzerrte Sicht der Dinge. Kinder sehen sich zunehmend als Nabel ihrer kleinen Welt. Sie werden dabei unfähig, auch mal anderen den Vortritt zu überlassen, Unangenehmes durchzustehen und Verantwortung zu übernehmen.
Wie können Eltern diesem Trend widerstehen und ihren Kindern Geduld und nötigenfalls das Aushalten von unerfüllten Wünschen lehren?

2. Würfelspiel

Material

- pro Gruppe einen Würfel
- Sammlung aus 1-, 2- und 5-Cent-Münzen

Je vier bis sechs Teilnehmer würfeln der Reihe nach mit einem Würfel. Wird eine Sechs gewürfelt, darf sich der Teilnehmer eine Münze aus der Schale nehmen und noch einmal würfeln.
Ziel des Spiels ist, in kurzer Zeit möglichst viele Geldstücke zu erwürfeln. Dabei soll der Hinweis gegeben werden, wie schnell Konsumrausch entstehen kann, wenn es sich hierbei z.B. um 2-Euro-Münzen handeln würde. Wir alle neigen von Natur aus zum Motto „immer mehr".

3. Austausch

Die Kaufkraft von Kindern und Jugendlichen ist von 2001 bis 2003 um 24% gestiegen. Während das verfügbare Einkommen in fast allen Bevölkerungsgruppen stagniert, verfügt die junge Generation über immer mehr Geld. Im Durchschnitt geben die etwa 11 Millionen Mädchen und Jungen im Alter von 6 bis 19 Jahren jährlich rund 1.800 Euro aus. Ihnen stehen durch Taschengeld, Geldgeschenke, Nebenjobs, Ferienarbeit und Sparguthaben etwa 8,8 Milliarden Euro zur Verfügung. Sie beeinflussen aber auch Kaufentscheidungen der Eltern mit, sodass indirekt noch einmal 17,8 Milliarden Euro dazugezählt werden.

Immer mehr Jugendliche in Deutschland sind verschuldet. Obwohl sie erst mit 18 Jahren geschäftsfähig werden, beginnt die Verschuldung oft schon vorher mit Schulden bei den Eltern und Freunden. Viele Jugendliche können nicht mit Geld umgehen, weil sie gar keine Chance hatten, es zu lernen. Wie soll mit etwas umgegangen werden, das gar nicht da ist. In intakten und gut gestellten Elternhäusern sind die Eltern eher in der Lage, die Schulden der Jugendlichen auszugleichen.

Die Teilnehmer tauschen sich paarweise zu den oben stehenden Fakten aus. Dazu erhalten die Paare eine Kopie der Daten. Der Austausch dient zur Standortbestimmung.

Fragen für den Austausch
Welche Daten sind für mich persönlich interessant?
Welche Aussagen haben uns nachdenklich gemacht?

4. Geschichte: „Mama, ich will einen Laptop!"

Täglich bettelt die 15-jährige Tochter: „Mama, ich brauche meinen eigenen Laptop!" Viele Klassenkameraden haben spätestens seit der Konfirmation einen eigenen Computer im Zimmer, selbstverständlich mit Internetanschluss. Die Mutter erwidert, dass sie den Familiencomputer für Schreibarbeiten sowie die abendliche Chatstunde im Büro nutzen kann. Doch das Mädchen erklärt mit findigen Argumenten, dass das unmöglich ausreicht und sie die einzige (o.k., mit ein paar anderen) ist, die im eigenen Zimmer noch nicht online ist. Die Eltern bleiben hart, denn sie befürchten, dass ihre Tochter dann während der Hausaufgaben chatet und sich nicht mehr auf die Schule konzentriert. Außerdem halten sie ein unkontrolliertes Surfen für gefährlich. Bisher entschwindet die Tochter, wann immer es möglich ist, an den Familiencomputer, um sich online zu unterhalten, und hält sich nicht gern an die Vorgaben. Da dieser Raum aber für alle frei zugänglich ist, hält es sich bisher in Grenzen. Außerdem ist den Eltern somit auch möglich, die besuchten Internetseiten zu begutachten und die Surftätigkeit ihrer Tochter im Auge zu behalten. Nach einigen Diskussionen stellen sie ihr frei, sich von ihrem Ersparten einen Laptop zu kaufen. Auf den zimmereigenen Internetzugang muss das Mädchen allerdings bis zum Schulabschluss in zwei Jahren warten.

Die Geschichte wird vorgelesen oder es wird ein passendes Erlebnis aus der eigenen Familie erzählt.

Gespräch im Plenum über die Frage
Was veranlasst das Mädchen, sich einen Laptop mit Internetanschluss zu wünschen?

5. Impuls

Heute, im 21. Jahrhundert mitten im Herzen Europas, leben unsere Kinder im Land der unbegrenzten Möglichkeiten. Das meiste ist machbar, zu fast jeder Zeit. Verwöhnung und Verweichlichung schleichen sich in vielen Bereichen ein. Unsere Kinder reagieren jedoch nicht mit Dankbarkeit auf dieses angenehme Leben, sondern mit immer höher geschraubten Erwartungen und daraus resultierender Unzufriedenheit. Ein erfüllter Wunsch gebiert den nächsten.

Aushalten, dass ein Herzenswunsch nicht oder erst mit einer gewissen Verzögerung in Erfüllung geht, ist kaum noch erforderlich. Verzichten ist oft nicht mehr nötig, weil die meisten Bedürfnisse ohne große Mühe gestillt werden können.
Die Kehrseite unseres Wohlstandes ist allerdings, dass Kinder heute kaum noch die Chance bekommen, das Aushalten von Defiziten zu lernen. Doch so wird der Nachwuchs nicht tragfähig, sondern eher arbeits-, lebens- und leidensscheu. Belastbar werden kann nur der, dem Belastung auch zugemutet wird. Halten wir Unangenehmes von unserem Kind fern, wird es nicht lernen, mit Konflikten umzugehen.

Eine wohlbehütete, schöne und von Wohlstand geprägte Kindheit ist zwar etwas Schönes, kann aber auch zu viel des Guten beinhalten. Sprösslinge, die in Watte gepackt werden, deren Bedürfnisse sofort gestillt und die Wünsche meist erfüllt bekommen, werden nicht genügend auf die Realität vorbereitet. Eine gesunde Frustrationstoleranz kann sich so nicht ausbilden.
Der Übergang von der Kindheit in die Erwachsenenwelt ist für diese Kinder ungleich schwerer. Für manche ist es wie das Erwachen aus einem schönen Traum. Vielfach wehren sich die Heranwachsenden dagegen, indem sie nicht flügge werden wollen. Das Leben im Schlaraffenland wird nicht gern aufgegeben. Auch als Erwachsene neigen sie dazu, diesem Way of Life weiter zu frönen. Doch scheitert dies häufig am zur Verfügung stehenden Budget. Unzufriedenheit, Neid und manchmal auch Depressionen sind vorprogrammiert. Es wurde versäumt, das Kind mit der Realität des Lebens bekannt zu machen.

Die Bibel gibt uns in Sprüche 22,6 einen weisen Rat für die Erziehung unserer Kinder: *Erziehe dein Kind schon in jungen Jahren - es wird die Erziehung nicht vergessen, auch wenn es älter wird.* Beherzigen wir diese Anweisung, werden wir in allen wichtigen Bereichen wie Disziplin, materiellem Wohlstand, Angewohnheiten, Werteerziehung usw. ein gutes Maß finden.
Bedenken wir, dass die Kinderstube die Prägewerkstatt unserer Kinder ist! Was sie hier erleben und lernen, hat einen weitreichenden Einfluss auf ihre Lebensführung und -einstellung.

6. Kleingruppen

Es werden zwei Gesprächsthemen angeboten. Die Teilnehmer teilen sich in zwei Gruppen auf. Bei vielen Teilnehmern kann es auch mehrere Gruppen zu einem Thema geben.

Gruppe 1: **Verwöhnung als Volksdroge**
Gruppe 2: **„Ich brauch das ... und noch viel mehr!“**

Gruppe 1: Verwöhnung als Volksdroge

Fragen für das Gespräch
Warum neigen wir heute so sehr dazu, Probleme von unseren Sprösslingen fernzuhalten?
Wie wirkt es sich aus, wenn wir unsere Kinder „in Watte packen“ und ihnen wenig zumuten bzw. ihre Probleme für sie lösen?

Was ist Verwöhnung, wie äußert sie sich und wo fängt sie an?
Allgemein kann man sagen, Verwöhnung beginnt dort, wo die Herausforderung ausbleibt. Doch ohne Herausforderungen, die dann auch gemeistert werden, ist Versagen und mangelndes Vertrauen vorprogrammiert. Das Endprodukt ist der entmutigte Mensch. Leben findet in drei Zonen statt: Komfortzone, Lernzone und Panikzone (siehe Bild).

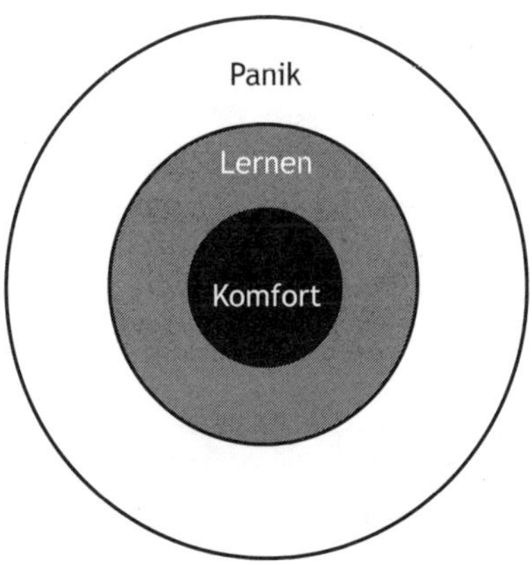

Der innere Kreis, die Komfortzone,
ist der Bereich, in dem wir uns wohl fühlen: ein Leben in Annehmlichkeiten. Es ist bequem, wir kommen gut zurecht, fühlen uns wohl. Es besteht kein Mangel, Bedürfnisse sind gestillt.
Naturgemäß halten wir uns am liebsten innerhalb dieser Wohlfühlatmosphäre auf und verlassen sie ungern. Wir sollen und dürfen uns immer wieder in die Komfortzone begeben, denn die benötigte Entspannung ist vor allem hier möglich. Auch Kinder neigen dazu, diesen Bereich möglichst häufig aufzusuchen. Doch Vorsicht: Er ist der Raum, in dem Verweichlichung und Verzärtelung stattfindet. Jedes Mal, wenn Eltern ihren Kindern etwas Unangenehmes aus dem Weg räumen, wird das Bewältigen einer Herausforderung verhindert. Im Grunde wird dem Kind dabei zu wenig zugetraut. Dasselbe geschieht bei einem Zuviel an materieller und emotionaler Zuwendung. Das Kind bleibt von den Eltern abhängig und wird nicht selbstständig. Es entsteht

ein Muster: Weshalb sollte ich mich anstrengen, wenn andere es für mich richten? Eigeninitiative kann nicht entwickelt werden. Wodurch entsteht diese Verwöhnung, was ist die Ursache? Halten Eltern ihre Kinder abhängig, behalten sie die Kontrolle über ihren Nachwuchs. Dahinter steckt der Versuch, das schmerzliche Loslassen und den drohenden Machtverlust mit dem Größerwerden der Kinder zu umgehen. Auch das Zurücktreten in die zweite Reihe und der damit befürchtete Liebesverlust soll so unbewusst vermieden werden.

Der mittlere Kreis, die Lernzone,
ist der Bereich der Herausforderungen. In ihm halten wir uns nicht so gern auf. Hier gilt es, Hürden zu überwinden, Mängel auszuhalten, Belastungen zu meistern und immer wieder Neues dazuzulernen. Doch Lernen, Bewältigen und Standhalten ist nicht angenehm. Die Leichtigkeit des Seins wird durch Ballast geerdet und kann sich unangenehm anfühlen. Wir werden herausgefordert, aber nicht überfordert. In dieser Zone sollten sich Kinder so oft wie möglich aufhalten, denn hier findet Reifung, Wachstum und Entwicklung statt. Durch Aushalten und Verzichten sowie Schwierigkeiten standhalten lernt der junge Mensch, ungestillte Bedürfnisse eher zu ertragen. Mit dem Dazulernen wächst wiederum der Bereich der Komfortzone. Denn was bewältigt wird, ist in Zukunft keine kaum zu lösende Herausforderung mehr.

Der äußere Kreis, die Panikzone,
ist der Bereich der Überforderung. Sie sollte nicht bewusst provoziert werden, denn sie wirkt sich nicht förderlich, sondern mindestens genauso hemmend wie eine übermäßige Komfortzone aus. Deshalb: Förderung ja, Überforderung nein! Wird ein Kind immer wieder in die Panikzone gezwungen, wird häufig als Folge auch die Lernzone panisch verweigert.

Gruppe 2: „Ich brauch das ... und noch viel mehr!“

Fragen für das Gespräch

Warum neigen wir heute so sehr dazu, die Wünsche unserer Kinder zu erfüllen? Welche Folgen hat dieses Verhalten für unseren Nachwuchs, für uns Eltern, für die Gesellschaft?

Verzichten können - warten können - etwas erwarten können
Auf etwas zu verzichten oder abzuwarten, bis die richtige Zeit zur Wunscherfüllung reif ist, ist heute keine Selbstverständlichkeit mehr. Bedürfnisse

werden möglichst schnell erfüllt, wenn sie auftreten, und Entsagung nicht mehr für nötig gehalten. Warum denn auch, wenn Befriedigung so leicht zu erreichen ist? Eltern geraten außerdem häufig in Zugzwang, weil gleichaltrige Freunde der Kinder scheinbar mehr dürfen und bekommen. Ein Verbieten oder Nicht-Erfüllen des Verlangens zieht kraftraubende Diskussionen nach sich. Hier ist Standfestigkeit und Nervenstärke gefragt. Doch es lohnt sich, eine gewisse Widerstandsfähigkeit zu entwickeln. Es bedeutet nicht, dem Kind keine Wünsche zu erfüllen, sondern sorgfältig abzuwägen, ob die Erfüllung sinnvoll ist, und wenn ja, zu welchem Zeitpunkt. Die Erfahrung, auf etwas Begehrtes zu verzichten bzw. zu warten oder darauf hin zu sparen, ist eine wichtige Übung. Nur so entwickelt sich die Fähigkeit Mangel auszuhalten. Das Kind wird durch solche Erlebnisse stärker, reifer und durchhaltefähiger. Seine Frustrationstoleranz wächst. „Die Frustrationstoleranz ist die individuelle Fähigkeit, Enttäuschungen zu kompensieren oder Bedürfnisse aufzuschieben, ohne dabei in Aggression oder Depression zu verfallen“ (Wikipedia). Das Kind lernt, dass es seine Bedürfnisse kontrollieren kann, ihnen nicht sofort oder wenn nötig auch gar nicht nachgeben muss. Es lernt zu warten und zu verzichten und trotzdem nicht zu verzweifeln. Seine Wurzeln werden in die Tiefe wachsen, wie bei einem Baum, der bei Trockenheit in die Tiefe wurzelt. Lernen Kinder, dass es erfülltes Leben auch trotz unerfüllter Wünsche gibt, ist es ihnen möglich, auch in Mangelsituationen Zufriedenheit zu erleben. Bleibt ihnen diese Erfahrung vorenthalten, werden sie von einer Wunscherfüllung zur nächsten schreiten und der Faszination der Spaß- und Konsumgesellschaft verfallen. Fehlt ihnen im Erwachsenenalter dann das nötige Geld, ist Unzufriedenheit vorprogrammiert.

7. Plenum

Im Plenum kann jede Gruppe von ihrem Thema berichten und einen kurzen Überblick über das Fazit des Gesprächs geben (jede Gruppe max. 5 Min.).

8. Abschluss

Lieber Herr, hilf uns, unsere Kinder
zu belastbaren, verantwortungsvollen Menschen zu erziehen.
Du weißt, wie oft wir ihnen Unangenehmes aus dem Weg geräumt
und Wünsche von den Augen abgelesen haben.
Das Resultat erschreckt uns,
ihre Erwartungen wurden in die Höhe geschraubt

und vieles wird als selbstverständlich betrachtet.
Je älter die Kinder werden, desto ausgenutzter fühlen wir uns von ihnen.
Sie erklären uns, dass sie gar nicht erwachsen werden wollen,
denn Kind sein sei so schön.
Was sollen wir von dieser Aussage halten?
Die Härte des Lebens, die sie jetzt häufiger spüren,
erscheint ihnen unerträglich.
Haben wir sie verweichlicht? Im Rückblick müssen wir das wohl eingestehen.
Herr, aber wir glauben, es ist noch nicht zu spät für einen Kurswechsel.
Noch stehen sie unter unserem Einfluss und unserer Erziehung.
Hilf uns, konsequente, nicht verzärtelnde Eltern zu sein,
die ihre Kinder zur Selbstständigkeit und Eigenverantwortlichkeit
in Liebe herausfordern!
Hilf uns, unsere Kinder zu entwöhnen, statt zu verwöhnen,
sie zu lehren, dass es bei dir trotz unerfüllter Wünsche erfülltes Leben gibt!
Danke, dass du uns helfen wirst!
Amen

Den Teilnehmern kann eine Karte mit dem Vers aus Sprüche 22,6 mitgegeben werden.

17| Ist Strafen sträflich?

Erziehen - aber wie?

Sprüche 29,15
Ein Kind zu bestrafen und zurechtzuweisen bewirkt Weisheit, aber ein unerzogenes Kind macht seiner Mutter Schande. (nach Neues Leben)

Ablauf
1. Einführung (ca. 1-2 Minuten)
2. Sketch (ca. 5 Minuten)
3. Kleingruppen (ca. 30 Minuten)
4. Plenum (ca. 20 Minuten)
5. Impuls (ca. 5-10 Minuten
6. Gedicht (1 Minute)

1. Einführung: Ist strafen erlaubt oder gar notwendig?

Kinder brauchen Grenzen. Auch liebevolle Konsequenzen sind bei der Erziehung nötig. Das ist drei Jahrzehnte nach der antiautoritären Erziehungswelle keine Frage mehr. Doch wie gelingt es, Kinder zum Gehorsam zu erziehen, ohne ihren Willen zu brechen? Wie kann Bestrafung konkret aussehen? Aus Hilflosigkeit und Zorn nach verletzenden und erniedrigenden Erziehungsmethoden zu greifen und dabei das Wohl des Kindes, die Familienatmosphäre und die Achtung vor sich selbst aufs Spiel zu setzen, darf nicht sein. Andererseits ist auch Kapitulation und das Kind sich selbst zu überlassen keine Lösung.

2. Sketch

Benötigt werden mindestens vier Personen, sowie drei Einkaufskörbe (gefüllt) und eine Flasche Mineralwasser

Eine Mutter steht mit ihrer kleinen Tochter in der Schlange vor der Kasse eines Supermarktes. Es geht nur langsam vorwärts. Das kleine Mädchen nagt aus Langeweile lustlos an einer geschälten Banane herum und reibt immer wieder absichtlich die Schale am Mantel des vor ihm stehenden alten Mannes. Dieser bleibt zunächst freundlich, denkt an ein Versehen und macht die Mutter und das Kind darauf aufmerksam. Diese unternimmt nichts Ernstliches und lässt das Kind gewähren. Nach der mehrfachen Bitte des alten Herrn, der Tochter zu wehren, bleibt die Mutter immer noch relativ untätig.

Nur halbherzig versucht sie, ihre Tochter von ihrem Tun abzubringen. Dabei erklärt sie ihm, ihre Tochter würde eben antiautoritär erzogen. Ein junger Mann, der am Ende der Schlange steht, mischt sich nun ins Geschehen ein. Er öffnet seelenruhig eine Mineralwasserflasche und schüttet sie Mutter und Kind über den Kopf mit dem Kommentar: „Welch eine Freude, ich wurde auch antiautoritär erzogen!“

3. Kleingruppen

Anhand des Bildes vom Baum, den wir pflanzen und aufziehen, teilen sich die Teilnehmer in drei Gruppen auf. Jede Gruppe erhält zu einem „Baumabschnitt“ Fragen für das Gespräch:
Gruppe 1: **Die Wurzeln** (bedingungslose Liebe)
Gruppe 2: **Der Stamm und die Äste** (Zusammenleben)
Gruppe 3: **Das Blätterdach und die Früchte** (Konsequenz und Disziplin)

Gruppe 1: Die Wurzeln

Beim Pflanzen eines Bäumchens ist die Bodenbeschaffenheit von großer Bedeutung. Der Mutterboden muss gut aufgelockert und nährstoffreich sein. Das Klima hat großen Einfluss auf die Art der Erde und wir wiederum haben die entscheidende Wirkung auf das herrschende Familienklima. Wir müssen darauf achten, dass eine freundliche Atmosphäre der Wertschätzung, Anerkennung und Ermutigung herrscht, in der viel Raum zum Erzählen und Kuscheln ist. Durch diese Wohlfühlatmosphäre wird der Mutterboden gut feucht gehalten. Aufgelockert wird er durch die bedingungslose Liebe, die nicht an Vorgaben geknüpft ist. Diese „Es-komme-was-wolle-Liebe“ tränkt die zarte Kinderseele und stillt ihr Bedürfnis nach Liebe, Nähe, Geborgenheit und Sicherheit. In diesem nährstoffreichen Milieu gedeiht das noch schutzbedürftige Kind und seine Wurzeln können sich weit verästeln und ausbilden, so dass es im Leben zunehmenden Halt gewinnt. In einer hartherzigen und liebesarmen Umgebung gibt es zu wenig Nährstoffe, sodass die Wurzelbildung dürftig bleibt. Das Kind fühlt sich nicht angenommen, nicht geliebt und wertgeschätzt, was sich negativ auf seine Entwicklung auswirkt.

Fragen für das Gespräch

Wie können Kinder gute Wurzeln entwickeln, die ihnen den nötigen Halt geben?
Wie kann es gelingen, einen guten „Mutterboden“ zu entwickeln? (konkrete Beispiele suchen für Baby, Kleinkind, Schulkind und Teenager)
Durch was kann eine gesunde Wurzelbildung immer wieder behindert werden?

Gruppe 2: Der Stamm und die Äste

Wird ein Bäumchen gepflanzt, stabilisiert man es mit einem Holzpfosten. Er dient als Schutz vor dem Umknicken und Schiefwachsen. Mit dem Wachstum des Stammes muss die Schnur regelmäßig gelockert werden. Die wachsenden Äste werden zur gegebenen Zeit immer wieder fachkundig beschnitten, sonst würde der Baum im Sommer keine Früchte tragen. Je größer der gepflanzte Baum wird, desto mehr Früchte trägt er naturgemäß. Es genügt nicht, nur für eine gute Familienatmosphäre, also eine gute Bodenbeschaffenheit zu sorgen. Wir haben den Auftrag, unsere Kinder zu erziehen und sie damit in eine gute Richtung zu lenken. Deshalb benötigen sie einen Stützpfosten, der sie anleitet, gute Gewohnheiten, Denkmuster und Verhaltensweisen zu entwickeln. Versäumen wir es, dem Kind einen richtungweisenden Pfosten zur Seite zu stellen, entsteht genauso Wildwuchs und Orientierungslosigkeit wie bei jungen Bäumchen. Wie kann nun das Familienleben konkret gestaltet werden, ohne zu sehr einzuengen, aber gleichzeitig Orientierung, Anleitung und Training des Charakters zu ermöglichen?

Vorbild

Eltern müssen ein gutes Vorbild sein. Ein Sprichwort sagt: „Werke sprechen lauter als Worte!" Was wir von unseren Kindern verlangen, müssen wir selbst auch tun. Wenn Eltern immer wieder unbeherrscht herumschreien, können sie ihrem Nachwuchs schwer vermitteln, dass sie ihren Tonfall zügeln sollen. Eltern sollen bereit sein, an sich zu arbeiten. Wenn unsere Kinder spüren, dass auch wir bereit sind Wichtiges einzuüben, werden sie eher willig sein, ihren Charakter zu trainieren und Unarten abzulegen.

Klare Absprachen und Regeln

Wichtige Verhaltensregeln müssen klar abgesprochen werden, sodass keine Missverständnisse entstehen. Jede Familie benötigt Familienregeln, die das Zusammenleben organisieren. Dabei soll viel Freiraum herrschen. Durch wenige Absprachen wird das gemeinsame Leben geklärt. Beim Brechen der Regeln müssen Konsequenzen folgen. Die Richtlinien sollen wie die Schnur am Stützpfosten immer wieder neu dem Alter und den Begebenheiten angepasst werden und sind meistens in folgenden Bereichen nötig:

- Mithilfe in der Familie
- Bettgehzeiten
- Hausaufgaben / Lernen / Instrument üben
- Taschengeld
- Verhaltensregeln / Ordnung
- sinnvolle Freizeitgestaltung

Ermutigung und Belohnungen

Erwünschtes Verhalten lässt sich am einfachsten durch Lob und Ermutigung verstärken. Dabei wird das Kind ermuntert, es noch einmal zu versuchen bzw. nicht aufzugeben. Auch kleine Belohnungen wirken manchmal Wunder, müssen aber gezielt und sparsam eingesetzt werden. Belohnt man das Kind wegen jeder Kleinigkeit, ist es höchst kontraproduktiv und bewirkt, dass es ohne Belohnung bald gar nichts mehr macht.

Fragen für das Gespräch

Was bedeutet „erziehen"?

Welches Ziel verfolgt Erziehung?

Wie können Kinder trainiert werden, um sich in eine gute Richtung zu entwickeln? (anhand eines Beispiels überlegen, z.B. Ordnung halten)

Gruppe 3: Blätterdach und Früchte

Durch das regelmäßige, fachkundige Beschneiden der Äste erhält der Baum seine Form und Fruchtbarkeit. Wird das Ausschneiden und Zurechtstutzen versäumt, wuchern die Äste wie sie wollen. Das Resultat sind aber spärliche Ernten, deren Früchte noch dazu mickerig ausfallen. Dieses Bild aus der Natur zeigt uns, wie wichtig das korrigierende Eingreifen in die Entwicklung ist. Aber wann ist Eingreifen bzw. Disziplinieren nötig? Immer dann, wenn:

- klar abgesprochene Familienregeln gebrochen werden;
- das Kind sich weigert neue Handlungsweisen einzuüben;
- durch Rebellion und Respektlosigkeit elterliche Autorität gefordert wird.

Beim Strafen gilt es zu beachten, dass sie liebevoll und konsequent geschieht. Konsequenz bedeutet: „ausdauernd auf ein Ziel zusteuern". Liebesentzug muss dabei tabu sein. Das Kind darf sich trotz Strafe der Liebe seiner Eltern sicher sein. Welche Konsequenzen sind geeignete Erziehungsmittel?

Die Konsequenzen müssen immer im Zusammenhang mit der Handlung des Kindes stehen. Das ist gar nicht so schwer, denn alle Handlungen ziehen Folgen nach sich und können dazu dienen, das Kind zu erziehen.

Es gibt **natürliche Konsequenzen** (das Kind kann in ungefährlichen Situationen seine eigenen Erfahrungen ohne das Eingreifen der Eltern machen - Beispiel: Das Kind hat seine Brotdose, trotz der Aufforderung, zu Hause vergessen. Die Mutter trägt sie ihm nicht in die Schule hinterher, sondern das Kind denkt das nächste Mal selbst an die Dose, damit es keinen Hunger hat), **logische Konsequenzen** (sie stehen in direktem Zusammenhang mit dem Fehlverhalten und werden durch die Eltern davon abgeleitet. Beispiel: Das Kind räumt nicht wie vereinbart die Puppenecke im Wohnzimmer auf. Die

Mutter nimmt sich der Unordnung an und verstaut die Utensilien im Keller, mit der Konsequenz, dass das Wohnzimmer für einige Tage zur puppenfreien Zone erklärt wird) und **auferlegte Konsequenzen** (sie werden nötig, wenn offene Rebellion, Lügen, massiver Vertrauensbruch, aggressives Verhalten, Geschwisterrivalität, Respektlosigkeit oder bewusster Ungehorsam im Spiel sind. Auch sie sollten mit dem Fehlverhalten in Verbindung gebracht werden. Beispiel: Im Streit wurde mit Absicht das Buch des Bruders zerrissen. Zur Wiedergutmachung kann durch eine auferlegte Hilfeleistung im Haushalt Geld verdient werden, um das Buch zu ersetzen. Als auferlegte Konsequenzen eignen sich für eine gewisse Zeit Verzicht auf Privilegien, Hilfeleistungen oder auch das Isolieren im eigenen Zimmer).

Fragen für das Gespräch
Wann müssen Eltern konsequent sein und Disziplin anwenden, ohne ungerecht zu sein?
Was sind natürliche/logische/auferlegte Konsequenzen? (Wann kann man sie anwenden, wo liegen die Grenzen?)

4. Plenum

Um allen Gruppen einen Überblick über zu ermöglichen, werden die Einführungen der Baumabschnitte vorgelesen. Nach den Kleingruppen wird im Plenum zusammengetragen, was im Gespräch erarbeitet wurde.

5. Impuls

Kinder sind eine wertvolle Gabe Gottes an uns. Er hat sie uns anvertraut und uns beauftragt sie nach bestem Wissen und Gewissen zu erziehen. Erziehen ist anstrengend und geschieht nicht beiläufig. Es beinhaltet aktives Eingreifen und Korrigieren. Als anschauliches Bild dient das Pflanzen eines Baumes. So wichtig wie ein guter Mutterboden ist die liebevolle Familienatmosphäre. Das Anbinden des Bäumchens an einen Stützpflock versinnbildlicht die Wichtigkeit von Familienregeln. Das Beschneiden der Äste, um eine gute Ernte zu erzielen, dient als Symbol für angemessene Konsequenzen mit dem Ziel eine gute Charakterbildung zu erreichen. Überlassen wir die Persönlichkeitsentwicklung dem Zufall, ist Wildwuchs vorprogrammiert. Kinder die Konsequenzen ihres Verhaltens spüren zu lassen, ist also wichtig und richtig.

Nach dieser Methode erzieht auch Gott. Von ihm als unserem himmlischen Vater können wir lernen, wie Erziehung funktioniert. Sie basiert auf der be-

dingungslosen Liebe zu jedem seiner Kinder. Aus dieser Liebe heraus nimmt er uns mit allen Fehlern und Versagen an. Das heißt aber nicht, dass wir so bleiben sollen, wie wir sind. Um reichlich gute Früchte tragen zu können, benötigen auch wir Gottes Korrektur. Mit diesem Ziel vor Augen erzieht er uns.
Am häufigsten benutzt er wohl die Methode der natürlichen Konsequenz. Wir bringen sie oft gar nicht mit Gott in Verbindung, denn sie sind einfach die natürlichen Folgen unseres Fehlverhaltens. Auch die Bibel erzählt von solchen natürlichen Folgen, die Gottesmänner zu tragen hatten: als Mose den ägyptischen Aufseher erschlug, musste er fliehen und hatte so die Konsequenzen für sein Handeln zu tragen. Sein angenehmes Leben am ägyptischen Hof nahm damit ein Ende (2. Mose 2,11-23).
Bei den logischen Konsequenzen ist Gottes Handeln sichtbarer, denn diese Folgen bringen wir viel eher mit seinem Eingreifen in Verbindung. Als das Volk Israel nach dem Auszug aus Ägypten Kundschafter ins Gelobte Land schickte, bekamen sie es nach deren Bericht mit der Angst zu tun. Sie wollten wegen der bedrohlichen „Riesen“ das Land nicht einnehmen und führten deshalb Gottes Auftrag nicht aus. Gottes logische Konsequenz war, sein Volk weitere 40 Jahre durch die Wüste wandern zu lassen (4. Mose 13; 14).
Ganz deutlich wird Gottes Eingreifen bei den auferlegten Konsequenzen. Als König Saul hochmütig und Gott bewusst ungehorsam wurde, hatte er harte Konsequenzen zu tragen. Er wurde als König verworfen und litt unter schlimmen Ängsten (1. Samuel 15-31).
Gottes Handeln und Eingreifen dient der Erziehung seiner Kinder. Er möchte dabei unseren Charakter formen und uns für sein Reich erziehen. So wie uns der himmlische Vater für das ewige Leben vorbereitet, sollen wir unsere Kinder für das Leben als Erwachsene zurüsten.

6. Gedicht

Kinder

Kinder, diese Gottesgabe
sind das Wertvollste der Habe,
die als Menschen wir verwalten,
drum sollten daheim wir Frieden halten.

Atmosphäre zu schaffen,
die Luft gibt zum Leben,
sich einfach wohl zu fühlen eben
ist unsre Aufgab' als Mutter zuerst,
doch leider auch die allerschwerst',

weil soviel geschieht, uns abzuhalten
gutes Klima in der Familie zu gestalten
und Gottes Willen hier zu achten
und erst nach seinem Reich zu trachten.

Gebet
Herr, gib uns Einsicht hier auf Erden,
Dir immer ähnlicher zu werden,
die Dinge zu sehen im rechten Licht,
ihnen beizumessen das rechte Gewicht,
dass uns werde klein das Kleine
und das Große groß erscheine.

(Sabine Hartmann - Abdruck mit freundlicher Genehmigung der Autorin)

Anmerkung: Bestrafen ist ein sehr heikles Thema und beinhaltet immer auch die Frage nach dem berühmten „Klaps auf den Po“. Im Buch „Das große Familienhandbuch “ von Claudia und Eberhard Mühlan wird die „körperliche Züchtigung“ thematisiert. Es ist eine gute Hilfe, um sich auf diese eventuell im Raum stehende Frage vorzubereiten.

18| Kinder zur Eigenverantwortung erziehen

Epheser 6,4
Ihr Väter, behandelt eure Kinder nicht ungerecht! Sonst fordert ihr sie nur zum Widerspruch heraus. Eure Erziehung soll sie vielmehr in Wort und Tat zu Gott, dem Herrn, hinführen.

Ablauf
1. Einführung (ca. 2 Minuten)
2. Stummes Gespräch (ca. 10 Minuten)
3. Impuls (ca. 5 Minuten)
4. Kleingruppen (ca. 30 Minuten)
5. Plenum (ca. 15 Minuten)

1. Einführung
Das Ziel von Erziehung ist die Befähigung des Kindes zur Selbstständigkeit und Eigenverantwortung. Zunächst ist ein kleines Kind völlig von seinen Eltern abhängig und auf sie angewiesen. Mit zunehmendem Alter soll die Eigenständigkeit und Selbstkontrolle des Kindes wachsen. Die elterliche Einflussnahme muss mit den Jahren abnehmen und von Selbstdisziplin abgelöst werden. Die Freigabe der Kinder in ihre Selbstständigkeit wird in kleinen Schritten während der gesamten Phase des Heranwachsens erfolgen.
Eltern bringen ihren Kindern vieles an Wissen, Werten, Fähig- und Fertigkeiten bei. Doch all das nützt ihnen wenig, wenn sie keine Gelegenheiten haben, ihr Können eigenständig anzuwenden und Erfahrungen zu machen. Durch neue Möglichkeiten, die altersgemäß sein müssen (Kinder dürfen nicht in Verhältnisse entlassen werden, die sie überfordern; herausfordern: ja - überfordern: nein!), können die Kinder sich und ihre Kenntnisse erproben und beweisen. An wachsenden Aufgaben und Herausforderungen üben, festigen und entwickeln Kinder ihre Fähigkeiten. Nebenbei erkennen sie auch ihre Grenzen. Durch diesen positiven Prozess lernt der Nachwuchs zunehmend, selbst die Verantwortung für sein Tun und Lassen zu übernehmen.

2. Stummes Gespräch

Material: Papier DIN A1, Schreibstifte

Durchführung
Ein großes Blatt (DIN A1) und einige Stifte liegen auf einem separaten Tisch. Die Teilnehmer werden aufgefordert, an einem „Stillen Gespräch“ teilzunehmen mit der Aufgabenstellung, die auf der Mitte des Papiers formuliert ist:

Was bedeutet Eigenverantwortung?

Jeder Teilnehmer kann nun aufschreiben, was ihm dazu einfällt. Es darf auch auf Geschriebenes reagiert werden, durch z.B. eine darauf Bezug nehmende Frage oder einen schriftlichen Kommentar.

Anmerkung: Falls die richtungweisenden Wörter nicht genannt werden, sollte die Gruppenleitung diese Begriffe ins „Gespräch“ bringen:
Verantwortung - Eigenständigkeit - Selbstbewusstsein

3. Impuls

Die Grundvoraussetzung für eine gelingende Selbstständigkeitserziehung ist die emotionale Bindung und tragfähige Beziehung zu einer festen Bezugsperson. Das Fundament bildet tiefes gegenseitiges Vertrauen. In den ersten Lebensjahren muss das Kind durch die liebevolle Zuwendung der Eltern Urvertrauen aufbauen. So wird ihm das Gefühl von Geborgenheit und Sicherheit vermittelt. Kinder müssen wissen, dass die Eltern immer für sie da sind und sie beschützen. Dies ist die Bedingung, dass Kinder loslassen und sich fremden Personen und unbekannten Situationen zuwenden können.
Manchmal misslingt allerdings dieses Loslassen von Seiten der Eltern, obwohl ein gutes Fundament gebaut wurde. Hier mangelt es nicht an Sicherheit. Das Gegenteil ist der Fall: Einige Eltern stehen in der Gefahr, eine überstarke Bindung zu ihrem Kind aufzubauen. Als kleiner Prinz oder Abgott wird es vergöttert und bekommt die erste Priorität im Leben. Sie empfinden das Kind als Teil ihres Selbst. Gefährdungen der Kinder werden wie Angriffe empfunden. Die Folge ist: das Kind wird wie der Augapfel ängstlich behütet.
Schwierig ist auch, wenn Eltern durch ihre Kinder unbewusst eigene Wünsche, Hoffnungen und Träume verwirklichen wollen. Merken sie, dass ihr Nachwuchs andere Wege einschlägt und nicht ihre Vorstellungen vom Leben teilt, fällt es ihnen ungleich schwerer, ihre Sprösslinge in die Eigenverantwortung zu entlassen.

Als Christen haben wir einen anderen Auftrag. Natürlich dürfen und sollen wir unsere Kinder herzlich lieben. Aber wir müssen uns bewusst sein, dass sie uns von Gott nur für eine vorübergehende Zeit anvertraut sind. Er möchte

die erste Priorität in unserem Leben sein. Der zweite Platz steht unserem Ehepartner zu. Die Kinder werden einmal das Haus verlassen, der Partner aber bleibt uns hoffentlich erhalten. Erst an dritter Stelle sollen die Kinder stehen, was gerade für Mütter oft eine Herausforderung ist. Diese Prioritätenliste bewahrt Eltern davor, ihre Kinder allzu sehr zu vergöttern.
„Ihr Eltern, behandelt eure Kinder nicht ungerecht. Eure Erziehung soll vielmehr in Wort und Tat zu Gott hinführen“ (Epheser 6,4) weist uns darauf hin, Kinder nicht zu sehr an uns zu binden. Wenn wir sie lehren, dass nicht die Eltern die letzte Hilfe, Zuflucht und Sicherheit sind, sondern Gott, weisen wir sie auf ihn als oberste Instanz hin. Eltern und Kinder sind gleichermaßen aufgefordert, ihre Hilfe bei Gott zu suchen. Ebenso müssen sich auch beide vor ihm verantworten.

Ob Eltern das Ziel der Erziehung in die Selbstständigkeit erreicht haben, kann man übrigens ganz einfach erkennen: Eltern haben dann Erfolg gehabt, wenn sich Kinder auch in ihrer Abwesenheit verantwortlich zeigen und die Familienregeln halten. Deshalb müssen sich Eltern immer wieder hinterfragen: Führen meine Erziehungsmethoden in größere Selbstständigkeit oder in Abhängigkeit?

4. Kleingruppen

In den Gruppen wird erarbeitet, wie Erziehung zur Eigenverantwortlichkeit in den verschiedenen Entwicklungsabschnitten aussehen kann. Dabei soll darüber nachgedacht werden, welche Ziele wir erreichen wollen und wie wir sie erreichen können. Eigene erprobte Tipps sind als Gesprächsbeitrag erwünscht. Es werden drei Gruppen gebildet. Alle Gruppen bekommen Arbeitsmaterial für die verschiedenen Altersklassen ausgehändigt.

Gruppe 1: **0-6 Jahre**
Gruppe 2: **7-12 Jahre**
Gruppe 3: **ab 13 Jahre**

Gruppe 1: Erziehung zur Eigenverantwortlichkeit bei Kindern von 0 bis 6

„Das Ziel aller Erziehung ist die Anleitung zu immer größer werdender Selbstständigkeit und Eigenverantwortung. Dies gelingt am besten im Team Familie. Gute Eltern werden das ‚Loslassen’ ständig einüben und sich damit selbst ‚arbeitslos’ machen! Beim Erziehen sollte man sich deshalb immer wieder hinterfragen: Führen meine Erziehungsmethoden in größere Selbstständigkeit oder in größere Abhängigkeit?“ (Eberhard und Claudia Mühlan)

„Die ersten drei Lebensjahre sind die entscheidendsten für das Gelingen des Menschen. Dann wurden die Weichen für die Persönlichkeitsentwicklung des Menschen gestellt, sowohl was Ernährungsverhalten und Sprachentwicklung betrifft, als auch was Bewegungsgeschick, Verstandesentwicklung, Emotionalität und späteres Suchtverhalten anbelangt.“ (Peter Struck, Darmstadt)

Die Entwicklung in den ersten Lebensjahren
In den ersten Lebensjahren findet die Bildung aller entscheidenden Fähigkeiten statt. Die Grundsteine für elementare Fähigkeiten wie Geschicklichkeit, Denken, Sprechen, Fühlen und Handeln werden hier gelegt.
Doch wie findet diese Grundsteinlegung statt?

Geschicklichkeit: Durch die Förderung des natürlichen kindlichen Bewegungsdranges erwirbt es zunehmende Geschicklichkeit. Grob- und Feinmotorik werden ausgebildet und der Bewegungsapparat trainiert.

Denken: Im Gehirn passiert beim jungen Kind Gewaltiges. Die Ausbildung der Gehirnnerven ist bereits im Alter von 3 Jahren nahezu abgeschlossen. Nicht genutzte Nervenbahnen werden mit der Zeit wieder abgebaut und lassen sich nicht wieder herstellen. Durch ausreichende Anregungen vernetzen sich die Gehirnnerven und lassen umfassendere Denkleistungen zu.

Sprechen: Auch im Bereich der Sprachentwicklung spielen die ersten Lebensjahre eine entscheidende Rolle. Wir sprechen von der so genannten Muttersprache und vom Zungenschlag, der zeitlebens erhalten bleibt. Kinder übernehmen die Sprache der Eltern. Imitieren deren Sprachmelodie, Dialekt und werden von der Reichhaltigkeit ihres Wortschatzes geprägt. Wachsen Kinder in einem Haushalt mit hohem Sprachniveau auf, haben sie in diesem Bereich einen lebenslangen Vorsprung gegenüber jemandem, der von einfachen Sprachverhältnissen geprägt wurde.

Fühlen: Gefühle werden uns nicht in die Wiege gelegt, sondern ebenso erlernt wie die anderen Fähigkeiten. Sie werden vom sozialen Umfeld geprägt. Wächst ein Kind in emotionaler Sicherheit und Wärme auf und erlebt, dass Gefühle nicht ausgeblendet, sondern thematisiert werden, kann es die Fähigkeit Gefühle wahrzunehmen und auszudrücken gut entwickeln. Anders bei jemand, der eine nüchterne, kühle Familienatmosphäre erlebt hat, in der Gefühle kaum eine Rolle spielten. Er wird sich auf diesem Gebiet schwerer tun.

Handeln: Verhaltensmuster haben ihren Ursprung in frühkindlichen Erfahrungen. Hier werden Grundsteine für Werte und Normen gelegt. Erlebt ein Kind Verlässlichkeit und Sicherheit, ermöglicht es ihm Orientierung. Damit wird es in die Lage versetzt Signale aus seiner Umwelt zu deuten und sein Verhalten danach auszurichten. Erlebt es dagegen häufig widersprüchliches Verhalten seiner Bezugspersonen, wird es verunsichert. Ihm fehlt der Maßstab, an dem er die Richtigkeit seines Handelns messen kann.

Fazit

In dieser frühkindlichen Zeit ist eine umfassende Beschäftigung und intensive emotionale Zuwendung von Seiten der Eltern unabdingbar. Ist die Anwesenheit der Eltern nicht möglich, muss eine andere feste Bezugsperson diese Aufgabe übernehmen und eine verlässliche gefühlvolle Bindung aufbauen. Nur so ist die optimale Entfaltung der angelegten Fähigkeiten möglich. **Kinder zur Eigenverantwortung zu erziehen, bedeutet in diesem Alter vor allem, die oben genannten Grundfähigkeiten zu fördern, um im Weiteren darauf aufbauen zu können.** Denn sogar die Persönlichkeitsentwicklung hängt von den frühkindlichen Erfahrungen ab. Seelische Ausgeglichenheit, eine stabile Persönlichkeitsstruktur und Charakterzüge haben in dieser Lebensphase ihren Ursprung.

Fragen für das Gespräch

Welche Ziele wollen wir erreichen?
Welche Erfahrungen haben wir gemacht?
Wo liegen die Grenzen zur Überforderung?
Wo liegen die Stärken und Schwächen des Kindes - beachten wir sie?

Gruppe 2: Erziehung zur Eigenverantwortlichkeit bei Kindern von 7 bis 12

„Das Ziel aller Erziehung ist die Anleitung zu immer größer werdender Selbstständigkeit und Eigenverantwortung. Dies gelingt am besten im Team Familie. Gute Eltern werden das ‚Loslassen' ständig einüben und sich damit selbst ‚arbeitslos' machen! Beim Erziehen sollte man sich deshalb immer wieder hinterfragen: Führen meine Erziehungsmethoden in größere Selbstständigkeit oder in größere Abhängigkeit?" (Eberhard und Claudia Mühlan)

Altersgerechte Ausdehnung der Lebensbereiche

In den ersten sechs Jahren seines Lebens wird das Kind stark von seinen Eltern kontrolliert und beeinflusst. Mit dem Eintritt in die Schule bahnt sich

hier eine zunehmende Veränderung an. Das Lebensumfeld des Kindes erweitert sich. Eigenständigkeit und Selbstkontrolle sollen in dieser Lebensphase kontinuierlich zunehmen. Das ist allerdings nur möglich, wenn Eltern bewusst die Selbstständigkeit ihres Nachwuchses fördern und ihn nicht „klein halten". In diesem Alter gibt es viele neue Bereiche der Selbstständigkeit zu entdecken. Menschen außerhalb der Familie gewinnen zunehmend an Bedeutung. Noch streben die Kinder nicht, wie in der Pubertät üblich, nach Unabhängigkeit von den Eltern. Das macht das Erweitern des kindlichen Radius entspannt und verhilft ihm zu mehr Eigenverantwortung.
Wie kann diese Entwicklung begünstigt werden?

Selbstständige Entscheidungen: Im altersentsprechenden Rahmen dem Kind eigenständige Entscheidungen zugestehen, z.B. Frisur selbst wählen lassen.

Neue Gebiete der Selbstverwaltung: Was soll z.B. vom Taschengeld bestritten werden? Ist es nur für Süßigkeiten bestimmt? Wäre es nicht eine neue Herausforderung, das Taschengeld um einen kalkulierten Betrag aufzustocken, um sich z.B. an den Geburtstagsgeschenken der Kindergeburtstagseinladungen zu beteiligen? Das fordert ein planvolles Umgehen mit eigenem Geld.

Neue Verantwortungsbereiche: z.B. Wochenputz im eigenen Zimmer oder das Füttern des Meerschweinchens und Reinhalten des Käfigs (Achtung: in diese Aufgabe können Kinder zwar reinwachsen, sollten aber in diesem Alter nicht die alleinige Verantwortung für das Haustier übernehmen).

Beziehungsnetze erweitern: Freundschaften fördern und ein „offenes Haus" praktizieren. Wer dem Kind erlaubt und es ermuntert häufig Freunde einzuladen, fördert Beziehungsnetze und den Erwerb von Sozialkompetenz.

Erkundungsschritte fördern: dem Kind ermöglichen seinen Aktionsradius zu erweitern. Übernachtungen bei Freunden oder der Oma erfreuen sich in diesem Alter großer Beliebtheit. Auch das Benutzen von öffentlichen Verkehrsmitteln kann zunehmend geübt werden und somit Mamas Taxidienste ersetzen.

Fragen für das Gespräch
Welche Ziele wollen wir erreichen?
Welche Erfahrungen haben wir gemacht?
Wo liegen die Grenzen zur Überforderung?
Wo liegen die Stärken und Schwächen des Kindes - beachten wir sie?
Wie kommen Eltern damit zurecht, weniger Einflussnahme zu haben?

Gruppe 3: Erziehung zur Eigenverantwortlichkeit bei Kindern ab 13

„Das Ziel aller Erziehung ist die Anleitung zu immer größer werdender Selbstständigkeit und Eigenverantwortung. Dies gelingt am besten im Team Familie. Gute Eltern werden das ‚Loslassen' ständig einüben und sich damit selbst ‚arbeitslos' machen! Beim Erziehen sollte man sich deshalb immer wieder hinterfragen: Führen meine Erziehungsmethoden in größere Selbstständigkeit oder in größere Abhängigkeit?" (Eberhard und Claudia Mühlan)

Vom Kind zum jungen Erwachsenen

Die Pubertätsjahre sind eine anstrengende Zeit, aber absolut notwendig für die Entwicklung vom Kind zum Erwachsenen. Sie verlangt von den Eltern sich in Toleranz und Gelassenheit zu üben. Teenager neigen zu aufmüpfigem Verhalten, doch Eltern sollten sich nicht provozieren lassen. Die Heranwachsenden brauchen die Reibung mit den Eltern, nur so kann ihre Persönlichkeit den nötigen Schliff bekommen. Herrscht zuhause zu viel Liberalität, wird das ein Kind überfordern. Teenager brauchen verständliche und nachvollziehbare Richtlinien und Absprachen, an die sie sich zu halten haben. Sie geben ihnen Sicherheit und Orientierung. Es ist ratsam die Zügel anfangs nicht zu locker zu lassen, denn ein späteres Straffen ist weitaus schwieriger, als angezogene nach und nach zu lösen. Jedoch verlieren Eltern zunehmend ihre Autorität. Ungebetene Kommentare und Ratschläge sind nicht erwünscht. Freundschaften werden enorm wichtig und der Teenager sucht neue Bezugspunkte außerhalb der Familie. Hier ist die Zurückhaltung der Eltern gefragt. Dennoch ist es sehr wichtig, dass Vater und Mutter ihrem Kind immer Gesprächsbereitschaft und Offenheit signalisieren. Elterliche Kontrolle und Einflussnahme muss in diesen Jahren immer weiter abnehmen, denn das Ziel ist, das Kind mit 18 in die Volljährigkeit zu entlassen. Wie kann das schrittweise Hineinwachsen in Eigenverantwortung praktisch aussehen?

Zunehmende Bereiche der Eigenverantwortung

Schule/Ausbildung - Soziales - Finanzen - Praktisches - Werte/Überzeugungen
Die folgende Auflistung dient lediglich zur Veranschaulichung, wie eine altersgemäße Ausweitung der Verantwortlichkeitsbereiche aussehen könnte:

Schule / Ausbildung

13 Jahre: Hausaufgaben werden angesehen
14 Jahre: Hausaufgaben in regelmäßigen Abständen kontrollieren
15 Jahre: Kind ist für seine Hausaufgaben selbst verantwortlich. Schulnoten müssen gezeigt werden

16 Jahre: beraten bei Berufswahl, weitere Schule, Bewerbungen
17/18 Jahre: Berufs-/Studienwahl

Soziales
13 Jahre: hin und wieder bis 22.00 Uhr abends wegbleiben
14 Jahre: 1-mal wöchentlich bis 22.00/22.30 Uhr wegbleiben
15 Jahre: 2-mal wöchentlich bis 22.30/ 23.00 Uhr wegbleiben, Verabredungen zu zweit im Rahmen von Gruppenveranstaltungen
16 Jahre: 2-mal wöchentlich bis 24.00 Uhr wegbleiben, Verabredung zu zweit mit Wissen der Eltern
17 Jahre: Verabredung zu zweit

Finanzen
13 Jahre: wöchentliches Taschengeld, vom Taschengeld etwas sparen
14 Jahre: Schulmaterial selbst kaufen (entsprechend aufstocken)
15 Jahre: monatliches Taschengeld
16 Jahre: Ferien-/Teilzeitjob, gezieltes Sparen (z.B. Führerschein)
17/18 Jahre: Führerschein, eigenes Girokonto, eventuell eigenes Einkommen

Praktisches
13 Jahre: regelmäßige Kontrolle der Ordnung im Zimmer, Zimmer selbst putzen
14 Jahre: gelegentliche Stichproben des Zimmers
15 Jahre: ist für das Zimmer selbst verantwortlich

Werte/ Überzeugungen
13 Jahre: Konfirmandenunterricht / kirchlicher Unterricht, Freizeit
14 Jahre: Jugendkreis
15 Jahre: Sommerfreizeit
16 Jahre: Mitarbeit in Jungschar o.Ä.

Fragen für das Gespräch
Welche Ziele wollen wir erreichen?
Welche Erfahrungen haben wir gemacht?
Wo liegen die Grenzen zur Überforderung?
Wo liegen die Stärken und Schwächen des Kindes - beachten wir sie?
Wie kommen Eltern damit zurecht, weniger Einflussnahme zu haben?

5. Plenum

Im Plenum wird vorgestellt, was in den Gruppen erarbeitet wurde, und es werden Tipps zum jeweiligen Entwicklungsabschnitt ausgetauscht.

19| Liebe ohne Grenzen

Wie Kinder Liebe mit allen Sinnen wahrnehmen

1. Johannes 3,18
Deshalb, meine Kinder, lasst uns einander lieben: nicht mit leeren Worten, sondern mit tatkräftiger Liebe und in aller Aufrichtigkeit.

Ablauf
1. Einführung (max. 5 Minuten)
2. Austausch (ca. 10 Minuten)
3. Impuls (ca. 5 Minuten)
4. Kleingruppen (ca. 30 Minuten)
5. Plenum (ca. 15 Minuten)
6. Stillarbeit mit anschließendem Gespräch (ca. 15 Minuten)
7. Elternliebe

1. Einführung

Menschen drücken Zuneigung unterschiedlich aus und springen nicht auf jedes Signal gleichermaßen an. Jede Botschaft, jedes Zeichen nehmen wir mit unseren fünf Sinnesorganen auf. Doch die Intensität der Wahrnehmung ist individuell verschieden. Manche reagieren stark mit dem Tastsinn, andere dagegen sind besonders hellhörig. Welcher Sinn ist bei meinem Kind vorzugsweise empfindsam? Für welche Art von Liebesbotschaften ist es in erster Linie empfänglich? Wie kann es sich der elterlichen Liebe ganz sicher sein und sie unmissverständlich spüren? Dieses herauszufinden lohnt sich, ansonsten besteht die Gefahr, dass Signale nicht verstanden werden und der Liebestank trotz Herzenswärme Reserve anzeigt. Erfahrene Liebe ist die Voraussetzung, selbst liebesfähig zu werden und Liebe auch weiterzugeben.

2. Austausch: Liebe, solange der Vorrat reicht

Liebe solang der Vorrat reicht! Wie schnell neigen sich unsere Liebesreserven dem Ende zu? Immer nur geben ist nicht möglich. Auch wir müssen unser Depot auffüllen.

Frage
Wie oder mit was fülle ich meinen Liebestank bzw. wo schließe ich den Schlauch an?

Brainstorming
In der Mitte des Tisches liegt ein großes Blatt Papier. Die Teilnehmer können dort ihre Gedankenblitze zum Thema aufschreiben.

3. Impuls

Johannes 3,18: *Deshalb, meine Kinder, lasst uns einander lieben: nicht mit leeren Worten, sondern mit tatkräftiger Liebe und in aller Aufrichtigkeit.*

Eltern sind gefordert, den Liebestank ihrer Kinder gefüllt zu halten. Dies funktioniert am besten, wenn wir beachten, welcher Sinn besonders empfindsam ausgeprägt ist, aber die anderen vier auch nicht ganz außer Acht lassen. Worte und Taten müssen die gleiche Botschaft transportieren und dürfen sich nicht widersprechen.
Doch wie steht es um den Liebestank der Eltern? Die Forderung des Gebens birgt die Gefahr des Verausgabens. Unsere Liebe hat enge Grenzen. Der Vorrat ist oft schneller aufgebraucht, als wir uns eingestehen. Wäre es nicht großartig, eine Quelle der Liebe zur Verfügung zu haben, aus der es immer Nachschub gibt? Diese Quelle existiert. Jedoch außerhalb unseres eigenen Lebens: Das haben wir erkannt, und wir vertrauen fest auf Gottes Liebe. Gott ist Liebe, und wer in dieser Liebe bleibt, der bleibt in Gott und Gott in ihm. Wenn Gottes Liebe uns ganz erfüllt, können wir dem Tag des Gerichts voller Zuversicht entgegengehen. Denn wir leben in dieser Welt so, wie Christus es getan hat. Wirkliche Liebe ist frei von Angst. Ja, wenn die Liebe uns ganz erfüllt, vertreibt sie sogar die Angst. Wer sich also fürchtet und vor der Strafe zittert, der kennt wirkliche Liebe noch nicht. Wir lieben, weil Gott uns zuerst geliebt hat (1. Johannes 4,16-19).

Gott ist die Liebe. Seine Liebe neigt sich nie dem Ende zu, sie ist unerschöpflich. Wenn wir bei ihm tanken, füllt er unseren Liebestank immer wieder neu. Aber wie füllt er unseren Liebestank? Gott möchte uns mit allen Sinnen ansprechen, über das Fühlen, Hören, Schmecken, Sehen und Riechen:

Fühlen: Durch das Gebet ist Tuchfühlung mit Gott möglich. Innige Begegnung mit unserem himmlischen Vater. Sich in seinen Armen alles von der Seele reden. Innerlich vor seinen Thron treten und seine Gegenwart spüren.

Hören: In Gottes Wort lesen und staunen, wie er zu mir persönlich redet. Die Bibel ist voller Ermutigung, Zuspruch, Wertschätzung und Motivation, aber auch liebevoller Zurechtweisung und Lebenshilfe. Gott möchte zu mir reden, ich muss nur bereit sein zu hören.

Schmecken: Gemeinschaft ist nicht nur für Kinder, sondern auch für Gottes Kinder ein wichtiger Bestandteil, Liebe zu erfahren. In der Gemeinschaft darf ich Gottes Liebe schmecken. Symbolisch können wir das beim Abendmahl erleben. Als Christ brauche ich die Gemeinde, sonst gehe ich allein unter. Die Gemeinschaft ist wie die Ansammlung vieler Holzscheite, die das Feuer der Liebe am Brennen hält. Holt man einen Scheit aus dem Feuer und legt ihn zur Seite, wird er bald verlöschen und erkalten.

Sehen: Gott hat uns sehr reich beschenkt, das wird vor allem in seiner Schöpfung sichtbar. Er hat sich alles wunderbar ausgedacht und überrascht uns mit immer neuer Schönheit. Das alles gibt er ohne Berechnung und Bestechung, sondern aus purer Liebe und Fürsorge.

Riechen: Was wäre Christsein ohne Nächstenliebe? Durch die Nächstenliebe, die wir erleben, wird Gottes Liebe sichtbar. Sie wird durch diakonische Einrichtungen organisiert oder ist durch Gemeinde, Freunde und Verwandte zu spüren. Nächstenliebe ist der Wohlgeruch, den Christen trotz allem Scheitern immer wieder verbreiten.

Wenn wir unseren Liebestank auf diese Weise aus Gottes Quelle täglich neu auffüllen lassen, wird gesundes Geben ohne sich zu verausgaben möglich. Es gilt zu bedenken: Wir können nur geben, was wir haben. Darum lasst uns zur Quelle gehen!

4. Kleingruppen

Die Teilnehmer haben die Möglichkeit, sich für eine Sinneswahrnehmung zu entscheiden. In den Kleingruppen wird anhand von vorbereiteten Fragen je ein Thema bearbeitet. Die kurze Einführung und die Fragen sollen helfen, das Gespräch in Gang zu bringen.
Können keine fünf Gruppen gebildet werden, stellen Mitarbeiter die fehlenden Sinne im Plenum vor.

Gruppe 1: **Fühlen - Berührungen**
Gruppe 2: **Hören - Worte der Liebe**
Gruppe 3: **Schmecken - Zweisamkeit**
Gruppe 4: **Sehen - Materielles**
Gruppe 5: **Riechen - Stallgeruch**

Gruppe 1: Fühlen - Berührungen

Diese Kinder lassen sich besonders über das Sinnesorgan Haut ansprechen. Berührungen aller Art werden als Zeichen der Liebe verstanden. Morgens im Elternbett kuscheln, liebevoll umarmen und über den Kopf streicheln, abfrottiert und eingecremt werden nach dem Bad, alles heißt: „Ich liebe dich." Beim Baby, Klein- und Schulkind sind diese Liebeszeichen noch selbstverständlich und leicht in den Alltag einzubauen, doch auch ältere Kinder brauchen diese Art von Zuwendung. Jungs, die älter werden, mögen es jetzt oft eher etwas rau. Deshalb rempeln sie an, raufen auch mal gern und bevorzugen ein kräftiges Schulterklopfen. Auch liebevoll über den Kopf streicheln oder eine Nacken- bzw. Fußmassage nach einem anstrengenden Tag sind Formen von Körperkontakt, die von Heranwachsenden gern angenommen werden.

Fragen für das Gespräch

Welche Rolle spielten Berührungen und Zärtlichkeiten in meiner Familie?
Wie wirken sich diese Erfahrungen heute in meiner Familie aus?
Bekommt mein Kind genügend Streicheleinheiten?
Gibt es Wünsche meines Kindes, die eher versteckt auf ein Bedürfnis nach Körperkontakt hindeuten?
Wie kann ich mein Verhalten dem Alter des Kindes anpassen?
Wo liegen die Grenzen und wann ist Körperkontakt schädlich?

Gruppe 2: Hören - Worte der Liebe

Mit Worten lässt sich Liebe besonders gut ausdrücken. Wenn das Kind auf diesem Ohr nicht schwerhörig ist, gibt es viele Möglichkeiten Liebe zu artikulieren. Freundlichkeit, Wertschätzung, Güte, Achtung, Ermutigung, Bestätigung, Zuspruch kann alles wunderbar in Worte gekleidet werden und bahnt sich den Weg übers Ohr ins Herz. Diese Art Liebe zu zeigen findet ihren Ausdruck in Liebeserklärungen, Koseworten, Lob und Ermutigung. Sie sollte aber nie an Bedingungen geknüpft werden, z.B.: „Weil du so brav bist, hab ich dich sehr lieb." Natürlich freuen wir uns, wenn das Kind gehorsam ist, wir müssen aber Lob und Anerkennung und die grundsätzliche Wertschätzung auseinanderhalten. Ansonsten fühlt sich das Kind nicht bedingungslos um seiner selbst willen geliebt, sondern glaubt, wegen einer Leistung bzw. Verhaltensweise gemocht zu werden. Lob sollte immer einen konkreten Anlass haben, sonst haben Kinder das Gefühl, ihnen wird geschmeichelt, was eine Inflation der Worte zur Folge hat und ihren Wert mit der Zeit aushöhlt. Kinder, die nach solchen Liebesbekundungen lechzen, reagieren besonders empfindlich auf Wutausbrüche. Mühsam aufgebautes Selbstwertgefühl kann innerhalb von Sekunden zerschmettert werden. Verbale Verletzungen wie Herabsetzung, Demütigung und Beschimpfungen wirken sich besonders negativ aus und können zu Selbstläufern werden. Vorsicht auch mit Lautstärke und Tonfall! Auf sie reagieren diese Kinder intensiver als andere.

Fragen für das Gespräch

Wie kann ich den Liebestank meines Kindes füllen, wenn es diese Sprache spricht? Gibt es Unterschiede zwischen Klein- bzw. Schulkind und Teenager?
Wie kann ich herausfinden, für was mein Kind gelobt werden möchte und ob es Defizite hat?
Wo liegen die Gefahren?
Gab es Aussagen meiner Eltern über mich, die zu einer Art selbsterfüllender Prophetie wurden? Welche positiven und negativen Aussagen haben mein Leben als Erwachsene beeinflusst und geprägt?
Haben meine Kinder ähnliche Erfahrungen mit mir gemacht? Gibt es positive oder negative Äußerungen von mir, die deutliche Spuren im Verhalten meines Kindes hinterlassen haben?

Gruppe 3: Schmecken - Zweisamkeit

Das Ansprechen dieses Sinnes verlangt die ungeteilte Aufmerksamkeit der Eltern für das Kind. Es erfordert, dass wir uns regelmäßig ganz auf unser Kind konzentrieren und ihm unser Interesse widmen. Durch Zweisamkeit fühlt es sich geliebt, wertgeachtet und geborgen. Sein Hunger nach Liebe wird durch Gemeinschaft und Zuwendung gestillt. Nehmen wir uns für dieses Kind zu wenig Zeit und versuchen es mit schnellen Lösungen abzuspeisen, hinterlässt es einen schalen Geschmack bei ihm. Um dem Kind das Gefühl zu geben, geliebt zu sein, kommt es gar nicht so sehr darauf an, was wir machen, sondern vielmehr dass wir überhaupt Zweisamkeit mit ihm erleben. Das ist auch beim Einbinden in die Hausarbeit möglich. Oft entstehen gerade beim gemeinsamen Kochen oder Heckenschneiden gute Gespräche und eine vertrauensvolle Atmosphäre, wobei wie nebenbei auch über ernstere Dinge gesprochen werden kann. In den ersten Lebensjahren ist es relativ einfach Zeit mit dem Kind zu verbringen, z.B. durch gemeinsame Aktivitäten, miteinander Spielen, Vorlesen, Spazierengehen, gemeinsame Mahlzeiten und vieles andere mehr. Werden die Kinder aber älter, verlangen Zweisamkeit und Gespräch mehr Planung. Mahlzeiten sind hier vor allem Gelegenheiten zum Gespräch und sollten individuell, nicht zwischen Tür und Angel stattfinden. Hier besteht auch in späteren Zeiten und bei einem dichter werdenden Terminkalender unseres Nachwuchses die Möglichkeit zu Gesprächen und Gedankenaustausch. Auch das Bettgehritual lohnt sich so lange wie möglich aufrechtzuerhalten, wobei Gespräche die Gutenachtgeschichte sicherlich irgendwann ersetzen. Qualitätszeit sollte aber dennoch immer wieder konkret eingeplant werden. Das müssen wir auch tun, wenn Zweisamkeit nicht die bevorzugte Sinneswahrnehmung für Liebe ist. Jedes Kind braucht ein gewisses Maß an Gemeinschaft, Gespräch und vertrauter Zweisamkeit, um sich geliebt und geborgen fühlen zu können. Ziel muss sein, mit jedem Kind alleine mindestens 1-2 Stunden Zeit in der Woche zu verbringen und einmal im Jahr ein Highlight zu erleben, z.B. zu zweit ein Zoobesuch, ein Kurzurlaub nur mit Papa oder Mama ...

Fragen für das Gespräch

Welche Erfahrungen habe ich in meiner Kindheit gemacht? Hatten meine Eltern Zeit für mich? Was haben wir gemeinsam gemacht?
Wie viel Zweisamkeit erlebe ich mit meinem Kind? Welche Bedürfnisse hat mein Kind, wenn ich Zeit für es habe?
Wie könnte ich Pflichten und Routinetätigkeiten so legen, dass meine Kinder dabei sein können? Zeit und Termindruck sind ein echtes Problem, wie kann ich es trotzdem schaffen, täglich für mein Kind allein Zeit zu haben?

Gruppe 4: Sehen - Materielles

Jede materielle Zuwendung hat für dieses Kind eine besondere Bedeutung und scheint ihm „du bist mir wertvoll“ zu signalisieren. Allerdings nur, wenn auch die anderen vier Sinne zufriedenstellend angesprochen werden. Ansonsten besteht die Gefahr, dass diese Art von Wohlwollen falsche Signale wie Bestechung oder Berechnung senden. Bitte nicht Präsente statt Präsenz! Beachten wir aber diese Gefahr und halten den Liebestank unseres Kindes gefüllt, lässt sich mit Geschenken Zuneigung wunderbar ausdrücken. Mitbringsel müssen nicht kostspielig sein. Sie sollen aber mit Bedacht und Liebe ausgesucht werden, indem ich überlege, was mein Kind erfreuen könnte. Auch die neuen Socken oder der benötigte Radiergummi kann liebevoll eingepackt und mit ein paar netten Worten überreicht zum Besonderen werden. Selbst ein Schneckenhaus mit Veilchen bepflanzt, als Aufmerksamkeit vom Spaziergang mitgebracht, signalisiert dem Kind Wertschätzung und Zuneigung. Dieses Kind wird allem, was es geschenkt bekommt, einen würdigen Platz zuweisen. Es freut sich an schönen Verpackungen und geht mit Präsenten besonders sorgsam um.

Fragen für das Gespräch

Was bedeuten mir Geschenke? Gibt es Präsente, die dem Zahn der Zeit nicht zum Opfer gefallen und heute noch für mich wichtig sind?
Wie beeinflussen meine Erfahrungen, die ich mit Geschenken gemacht habe, mein eigenes Verhalten? Welche Motive bestimmen mich, etwas zu schenken?
Wie kann ich meinem Kind vermitteln, dass das ganze Leben ein Geschenk ist?
Wie kann ich mein Kind beschenken, damit es selbst ohne Berechnung schenkt?
Welche Überraschungen kann ich meinem Kind machen, die wertvoll sind und dennoch nichts kosten?

Gruppe 5: Riechen - Stallgeruch

Mit Rat und Tat zur Seite stehen, lässt das Kind jedes Mal den Wohlgeruch der Liebe und Fürsorge riechen. Es ist der Stallgeruch seiner Eltern, die es seit der Geburt umhegt und gepflegt haben. Diesen wohligen Duft vernimmt es, wann immer es sich umsorgt fühlt. Darum liebt es dieses Kind, wenn ihm seine Eltern einen Gefallen tun. Diese Liebesdienste dürfen deshalb auch nicht an zu erfüllende Bedingungen geknüpft sein. Diese würden die Witterung des Duftes unmöglich machen. Es darf natürlich nicht dazu führen, ständig die Wünsche unserer Kinder zu erfüllen. Das Motiv, weshalb um eine Gefälligkeit gebeten wird, muss abgewogen werden. Handelt es sich um Bequemlichkeit und Tyrannei, dürfen Eltern sich nicht in den Dienst nehmen lassen. Unsere Hilfe sollte das Ziel „Hilfe zur Selbsthilfe" haben und immer wieder in Art und Umfang dem Alter des Kindes angepasst werden. Es ist wichtig sich immer wieder neu zu fragen: „Was ist das Beste für mein Kind?" und „Durch welchen Liebesdienst kann ich den Stallgeruch zur Entfaltung bringen, ohne mein Kind zu verwöhnen?"

Fragen für das Gespräch

Welche Erfahrungen/Gefühle habe ich selbst in Bezug auf Hilfeleistungen und Beistand in meiner Kindheit gemacht?
Wenn ich meinem Kind Dinge abnehme und ihm Gefälligkeiten erweise, achte ich darauf, dass ich es dem Alter entsprechend mache?
Was erledige ich alles für mein Kind? Wo wäre es vielleicht besser die Aufgabe ihm zu überlassen? Nehme ich mir Zeit, bestimmte Fertigkeiten meinem Kind beizubringen?
Wie können meine Hilfe und Gefälligkeiten zum Ausdruck meiner Liebe werden, ohne mein Kind zu verwöhnen?

---

5. Plenum

Um allen Gruppen einen Überblick über die Sinneswahrnehmungen von Liebe zu ermöglichen, werden die Einführungen vorgelesen sowie kurz zusammengetragen, was im Gespräch erarbeitet wurde.

6. Stillarbeit mit anschließendem Gespräch

Wir haben uns viele Gedanken darüber gemacht, wie Kinder Liebe wahrnehmen und ausdrücken. Wie aber können wir den bevorzugten Sinn unseres Kindes herausfinden?
Dazu werden drei Fragen auf eine Flipchart geschrieben oder mit dem Tageslichtprojektor oder Beamer an die Wand geworfen:

Wie bringt das Kind mir, Geschwistern, Großeltern, Lehrern, Freunden ... gegenüber seine Zuneigung zum Ausdruck?
Worum bittet es, worüber beschwert es sich? Gibt es eine Tendenz?
Wenn ich ihm Alternativen aus den verschiedenen Sinnen anbiete, welchen wählt es?

Anhand dieser Fragen soll sich jeder Teilnehmer sein(e) Kind(er) vor Augen malen und sich 2 bis 3 Minuten Zeit nehmen, darüber nachzudenken.
Gruppen, die mit Stille Probleme haben, können dazu auch leise Musik im Hintergrund laufen lassen.

Die Fragen werden als Erinnerung mitgegeben.
Ein Gespräch im Anschluss muss nicht sein, kann aber angeboten werden.

7. „Elternliebe"

Den Teilnehmern wird folgendes Zitat mündlich oder als Karte mitgegeben:

Als Eltern muss ich mein Kind vieles lehren; aber das Größte und Wichtigste von allem ist die Liebe. (nach Jo Ann Merrell)

Als Abschluss kann auch 1. Korinther 13 gemeinsam gelesen werden.

20| Mehr Zeit für die Familie

Alles hat seine Zeit

Prediger 3,1-11

Jedes Ereignis, alles auf der Welt hat seine Zeit: Geborenwerden und Sterben, Pflanzen und Ausreißen, Töten und Heilen, Niederreißen und Aufbauen, Weinen und Lachen, Klagen und Tanzen, Steinewerfen und Steinesammeln, Umarmen und Loslassen, Suchen und Finden, Aufbewahren und Wegwerfen, Zerreißen und Zusammennähen, Reden und Schweigen, Lieben und Hassen, Krieg und Frieden. Was also hat der Mensch davon, dass er sich abmüht? Ich habe erkannt: Gott legt ihm diese Last auf, damit er schwer daran zu tragen hat. Für alles auf der Welt hat Gott schon vorher die rechte Zeit bestimmt. In das Herz des Menschen hat er den Wunsch gelegt, nach dem zu fragen, was ewig ist. Aber der Mensch kann Gottes Werke nie voll und ganz begreifen.

Ablauf

1. Einführung (2-3 Minuten)
2. Zeiterfahrungsspiele und Austausch (ca. 10 Minuten)
3. Der Südseehäuptling (ca. 2 Minuten)
4. Kleingruppen (ca. 30-40 Minuten)
5. Plenum (ca. 20 Minuten / je ca. 5 Minuten pro Gruppe)
6. Impuls (max. 5 Minuten)
7. Gebet (1-2 Minuten)

1. Einführung

„Ich habe Zeit" hört man in unserem Kulturkreis immer seltener. Durch die hohen Anforderungen der Gesellschaft leben wir im ständigen Leistungs- und Zeitdruck. In allen öffentlichen Gebäuden sind mehrere Uhren angebracht. Wir leben als Sklaven der tickenden Zeitmesser. Hetze ist hier vorprogrammiert. Muße für die Familie, Beziehungspflege und gemeinsame Gespräche werden zum kostbaren Gut oder gehen oft ganz unter. Familien brechen auseinander und Menschen vereinsamen in der hektischen Wohlstandsgesellschaft.

Doch andererseits hatte noch keine Generation so viele elektrische Helfer, die Zeitersparnis ermöglichen, wie wir. Denken wir doch nur an Waschmaschine, Wäschetrockner, Zentralheizung, Auto, Computer und vieles andere mehr. Sind diese „kleinen Helfer" wirklich immer hilfreich?

Alles hat seine Zeit. Doch nach welchem Maßstab setzen wir Prioritäten? Wie lassen sich Ungleichgewichte ausgleichen? Bin ich mir bewusst, dass auch die Familienzeit eine begrenzte Phase und irgendwann unwiederbringlich vorbei ist? Solange die Kinder noch im Haus sind, sollte man die Jahre nutzen und in die Familie investieren. Mit zunehmendem Alter der Kinder wird diese Möglichkeit abnehmen, dafür sich aber andere Freiräume auftun; dann kommt eine andere Ära.

2. Zeiterfahrungsspiele

Zeiteinheiten sind immer gleich lang, doch erleben wir sie oft unterschiedlich. Je nachdem, wie wir die Stunden füllen, werden sie als kurz oder lang empfunden. Dieses Phänomen soll in zwei Spielen erlebt werden.

Vorbereitung

Falls im Zimmer eine Uhr angebracht ist, muss diese mit einem Tuch abgedeckt werden. Die Teilnehmer werden gebeten, ihre Uhren abzugeben (in einem Körbchen einsammeln) mit dem Hinweis: Dieser Abend soll nicht unter dem Ticken der Uhr stattfinden. So kann getestet werden, ob die innere Uhr auch ohne Chronometer funktioniert.

Spiel 1: 2 Minuten Nichtstun

Dazu schlägt ein Metronom einen langsamen Takt. Der Spielleiter gibt ein Start- und Schlusssignal.
Achtung: Der Zeitraum soll nicht genannt, sondern erst nach dem 2. Spiel erraten werden.

Spiel 2: 2 Minuten Linsen und Weizen sortieren

Die Teilnehmer bekommen je zu zweit ein Schüsselchen gemischt mit Linsen und Weizen, dazu schlägt das Metronom einen flotten Takt. Der Spielleiter gibt ein Start- und Schlusssignal.
Achtung: Der Zeitraum soll nicht genannt, sondern von den Frauen erraten werden.

Anschließend gibt es einen kurzen Austausch über die Fragen:
Wie lange war die Zeit beim ersten Mal?
Wie lange war die Zeit beim zweiten Mal?
Gab es in der Zeitempfindung einen Unterschied?
Warum nehmen wir sie unterschiedlich wahr?

3. Der Südseehäuptling

Der Text wird als Kopie ausgeteilt und vorgelesen.

Der Südseehäuptling

Ein Südseehäuptling kommt eines Tages nach Europa und macht dort sonderbare Entdeckungen, die er später seinen Stammesleuten erzählt:

„Der Weiße ist ein unglücklicher Mensch. Er ist fortwährend auf der Jagd nach Zeit. Dabei hat ihm der Schöpfer genau so lange Tage zugedacht wie uns. Doch um mehr davon zu haben, zerteilt er die Zeit in kleine Teile, die er dann Stunden, Minuten und Sekunden nennt. Diese füllt er nun mit viel Arbeit, schnellen Bewegungen und hektischen Aktionen.
Er versucht die Tage prall zu füllen um mehr davon zu haben. Doch je mehr er hineinpresst, desto schneller entschwindet sie ihm. Die Zeit ist für den Weißen wie ein Stück glitschige Seife: Versucht er sie zu greifen, entgleitet sie und lässt sich nicht festhalten. Immerzu schaut er ihr hinterher und müht sich, sie in den Griff zu bekommen:
Er plant den neuen Tag, obwohl er gerade ins Bett geht.
Er kauft Essen, das nur warm gemacht werden muss, und isst es im Gehen.
Er benutzt eiserne Räder, die ihn schnell an seine Ziele bringen.
Seinen Worten gibt er mit der Technik Flügel.
Er kann an allen Orten gleichzeitig sein.
Doch glücklich ist er dabei nicht. Auch hat er nicht mehr Zeit als wir. Im Gegenteil, je reichlicher er sie füllt, desto schneller entschwindet sie.
In Europa gibt es nur wenige Menschen, die wirklich Zeit haben, denn der Weiße hat ihr Wesen nicht verstanden. Zeit will nicht gejagt, sondern still genommen werden. Sie ist friedfertig und liebt die Ruhe und Bedächtigkeit. Die rohe Misshandlung und Jagd nach Zeit bewirkt ihr Fliehen - so wird der Weiße sie nie besitzen."

---

4. Kleingruppen

Die Teilnehmer teilen sich in vier Gruppen auf. Jede Gruppe bekommt Thema und Fragen als Gesprächshilfe (siehe unten), dazu noch Lesematerial, das in der Gruppe vorgelesen werden kann, um sich gemeinsam in das Thema einzuarbeiten. Die Texte können eine Hilfe sein, sich mit dem Thema zu beschäftigen, sind aber nicht unbedingt notwendig, um miteinander ins Gespräch zu kommen. Sie geben lediglich Gedankenanstöße.

Gruppe 1: **Eile mit Weile - Tricks zur Dehnung des Augenblicks**
Gruppe 2: **Haushaltsgeräte (Stress mit den Errungenschaften der Technik)**
Gruppe 3: **Über den Zwang, viel erleben zu müssen**
Gruppe 4: **Zeiterleben von Kindern**

Gruppe 1: Eile mit Weile - Tipps zur Dehnung des Augenblicks

Fragen für das Gespräch
Wie kann man dem Druck der Zeit trotz reich angefüllter Tage entkommen?
Gibt es eine Möglichkeit, dem Gefühl des Getriebenseins zu entkommen?

Zeit wird sehr unterschiedlich erlebt. Manchmal fliegen die Stunden dahin, ein anderes Mal scheint sie kaum zu vergehen. Die folgenden Tipps sind Möglichkeiten, Zwischenräume der „High-Speed-Zeiten“ zu dehnen und die Phasen etwas zu verlangsamen.

Tipp 1: Zeremonien
Auch in eiligen Zeiten möglichst an guten Ritualen festhalten! Sie bilden den schutzgebenden, gewohnten und beruhigenden Rahmen, wenn es auch sonst phasenweise etwas aus dem Ruder läuft. „Zubettgeh-Zeremonien“, gemeinsame Familienmahlzeiten, das Gesellschaftsspiel oder Vorlesestunden sind wichtige Zeiten im Familienalltag, die trotz Stress jedem guttun, aber oft hart erkämpft werden müssen. Andere Dinge erscheinen im Augenblick oft vielleicht wichtiger. Manchmal sind sie es natürlich auch, das „manchmal“ sollte aber nicht zur Regel werden.

Tipp 2: Berührung
Körperkontakt ist wichtig für Kinder und Erwachsene. Deshalb nehmen wir uns oft gegenseitig in den Arm! Bei älteren Kindern benötigt man hierbei etwas mehr Einfallsreichtum. Gern angenommen wird z.B. nach einem anstrengenden Schultag entspannende Nacken- oder Kopfmassage. Auch liebevolle Knuffe und freundschaftliches Kräftemessen ist bei Heranwachsenden ein beliebter Körperkontakt. Wir sollten uns Zeit für diese Begegnungen nehmen. Das muss nicht lange dauern, auch nicht sentimental sein, nur sehr aufmerksam. Wir nehmen uns wahr und machen uns bewusst: du bist es, mit dem ich mein Leben teile. So bleibt für einen kurzen Moment die Zeit stehen.

Tipp 3: Die vielfältigen Räume der Zeit nutzen
Dem Zeitstress kann man auch entgegenwirken, wenn man sich bewusst macht,

wie vielschichtig die Zeit ist. Eine Menge lässt sich gleichzeitig bewältigen, ohne sich dabei zu überfordern. Warum nicht das Bedürfnis des Kindes nach Zuwendung mit dem zu erledigenden Kochen verbinden. Dabei kann das Kind erzählen, Zuwendung erfahren und die Hausarbeit muss deshalb nicht liegen bleiben.

Tipp 4: Freie Tage
Wir sollten uns immer wieder mit Dingen beschäftigen, die uns gestalterisch und schöpferisch in Anspruch nehmen: Sport treiben, basteln, tanzen, malen, gärtnern - alles tun, was Freude macht. Versuchen wir, das auch ohne Kinder zu machen. So sehr die Vielschichtigkeit gemeinsamen Erlebens bereichern kann, der zeitweise Ausstieg aus der drängenden Wahrnehmung der Zeit wird uns nur mit Konzentration zuteil. Die wird man im Beisein der Kinder schwer aufbringen können. Aber es kommt den Kindern zugute, wenn auch wir durch Selbstvergessenheit wieder durchatmen können.

Tipp 5: Das Ewige „schnuppern“
Gott ist außerhalb von Raum und Zeit. Er untersteht nicht dem Werden und Vergehen, der Dimension Zeit, die alles in ihrem eisernen Griff hält.
Gönnen wir uns doch regelmäßig, mit dem Herrn über Raum und Zeit zu reden. Kommen wir am besten mehrmals täglich zu ihm. Hier treffen zwei Dimensionen aufeinander: das Zeitliche und das Ewige. Gott und sein Wort (die Bibel) sind nicht wie wir Menschen der Dimension Zeit unterworfen. Er ist das einzig Verlässliche in unserer so schnell vergänglichen Lebensspanne. Gott ist der, der heute der Gleiche ist wie vor tausenden von Jahren und der auch derselbe für alle Zeit bleiben wird. Nutzen wir diese Möglichkeit, durch das Lesen seines Wortes und das Reden mit ihm das Ewige zu kosten. Unser Leben wird durch diese fortwährenden Begegnungen in der Ewigkeit verankert, es bekommt mehr Tiefe, denn: Das Leben lässt sich zwar nicht verlängern (auch nicht, indem wir versuchen, möglichst viel in die uns verbleibende Zeit zu packen), sondern nur vertiefen.

Gruppe 2: Haushaltsgeräte (Stress mit den Errungenschaften der Technik)

Fragen für das Gespräch
Kann man mit Haushaltsgeräten Zeit gewinnen?
Was machen wir mit der gewonnenen Zeit?

Mit dem technischen Fortschritt ist zwar vieles einfacher geworden, aber eine Zeitersparnis wird teilweise nur vorgetäuscht. Beleuchten wir einzelne Beispiele dieser Errungenschaften, merken wir, dass dieser Schein trügt:

Waschmaschine
Mit der Erfindung der Waschmaschine fiel der große, arbeitsreiche Waschtag weg. Früher wurde die „kleine Wäsche“ (Hemden usw.) ein bis zwei Wochen, die „große Wäsche“ (Hosen, Röcke, Bettwäsche ,..) sogar über vier Wochen gesammelt und dann gemeinsam als Familie, Hausgemeinschaft oder mit einer Waschfrau erledigt. Durch den Einsatz der Waschmaschine war es nicht mehr nötig, sich mit dem Wechseln der Kleidung zurückzuhalten. Der Wäscheverbrauch schnellte in die Höhe. Da die Hausfrau jetzt aber die Hilfe einer Maschine hat, muss sie die Arbeit häufiger und allein bewältigen.

Essen zubereiten
Früher mussten Frauen zum Kochen erst Feuer im Herd machen. Doch die Lebensmittel wurden von Lieferanten ausgetragen. Auch in kleinen Dörfern gab es den „Tante-Emma-Laden“, in dem alles für den täglichen Gebrauch zu finden war. Durch elektrische Herde und Backöfen geht das Kochen heute viel schneller. Allerdings wird das durch einen höheren Zeitaufwand beim Einkaufen aufgewogen. In kleinen Ortschaften gibt es oft keine Läden mehr und das Einkaufen in modernen, gut sortierten Supermärkten ist sehr zeitintensiv.

Auto
Zu Urgroßmutters Zeiten war Mobilität kaum möglich: Freizeitgestaltung beschränkte sich auf das Umfeld. Begabungen wurden nur insoweit gefördert, wie es von den örtlichen Begebenheiten möglich war. Heute hat eine Mutter viele Fahrdienste zu leisten und dabei Wartezeiten zu überbrücken. Den Kindern wird die individuelle Förderung ihrer Begabungen ermöglicht. Dabei spielt es kaum eine Rolle, welche Entfernung zurückgelegt werden muss.

Als die Technologie die Häuser eroberte, wurde vieles erleichtert, doch dieser Fortschritt zog unabwendbar neue Arbeit nach sich.

Gruppe 3: Über den Zwang, viel erleben zu müssen

Fragen für das Gespräch
Warum betrachten wir nur Freizeit als wertvolle Zeit?
Müssen wir wirklich jedes Angebot annehmen?

Wie gehen wir mit der Reizüberflutung um?

Der moderne Mensch unterscheidet seit der Industrialisierung in „Arbeitszeit" und „Soziale Zeit". Mit der Fabrikarbeit begann die Zeit der starr festgesetzten Arbeit an Maschinen. Bauern, Mägde, Handwerker und andere Berufsgruppen kannten diese scharfe Grenze in den Jahrhunderten zuvor nicht. Das Bebauen der Äcker oder das gemeinsame Arbeiten von Vater und Sohn im Handwerksbetrieb beinhaltete seit jeher Gespräch und gemeinsam verbrachte Zeit. Durch die neue Abgrenzung von Arbeit und Familie entstand ein soziales Vakuum, das nach dem Gong der Feierabendglocke ausgeglichen werden musste. Die Trennung zwischen wertvoller privater Zeit, die der Familie gewidmet werden konnte, und lästiger, kontaktarmer Arbeitszeit war vollzogen. Arbeit musste schnell hinter sich gebracht werden, um dann Zeit fürs Wesentliche, für die Freizeit zu haben. Dieses Denken hat sich seither in den Köpfen festgesetzt. Obwohl Menschen heute im Gegensatz zu früher wesentlich mehr Freizeit haben, hat dennoch niemand wirklich Zeit. Es herrscht eine rastlose Jagd, die wertvollen Stunden möglichst sinnvoll zu nutzen. Der Focus ist auf das Zeitliche gerichtet. Alles Erstrebenswerte muss ergriffen und durch Beschleunigung in den Tag hineingepackt werden. Dem neuzeitlichen Menschen ist eine wichtige Dimension seines Lebens verloren gegangen: die Ewigkeit! Ein Fabrikarbeiter war nicht mehr vorrangig von Gottes Walten abhängig. Dürre, Hagelschlag oder verfaulte Ernten bedrohten vor allem die Existenz der Bauern. Dieses Bewusstsein um die Abhängigkeit vom Geber aller Gaben rückte damit immer mehr in den Hintergrund. Man war für sein Leben selbst verantwortlich und gestaltete es auf eigene Faust. Doch um den Verlust der Ewigkeit zu kompensieren, musste der Mensch immer mehr ins Zeitliche packen. Die Generationen der Nachkriegsära haben zusätzlich ganz neue Möglichkeiten. Per Knopfdruck können wir noch mehr Leben ins Leben bringen. Radio, Fernsehen und Internet helfen dabei scheinbar Wichtiges nicht mehr zu verpassen. Wir können mit deren Hilfe an vielen Orten gleichzeitig sein und an allem Wichtigen, was auf der Welt passiert, sozusagen life teilhaben. Dabei sind wir allerdings unzählig vielen Reizen ausgesetzt, die verarbeitet werden wollen. Doch wer hat dafür noch Zeit?

Gruppe 4: Zeiterleben von Kindern

Fragen für das Gespräch

Wie erleben Kinder Zeit?

Warum kollidieren Erwachsenen- und Kinderzeit miteinander? (Alltagsbeispiele)

Was können wir hier von den Kindern lernen?
Kinder haben ein völlig anderes Zeiterleben als Erwachsene. Sie leben in der Gegenwart. Über Vergangenheit und Zukunft machen sie sich keine Gedanken. Vergangenes wird akzeptiert und nicht in Frage gestellt. Die Zukunft dagegen ist nicht greifbar und deshalb für sie nicht existent. Darin liegt die Ursache für Trödelei, Ungeduld sowie Aufschieben von Unangenehmem. Dass Dinge gleichzeitig geschehen und die Zeit unendlich vielschichtig ist, können Kinder bis zum Alter von 6-8 Jahren noch nicht verstehen. Außerhalb seines Erlebens steht für das Kind die Welt still. Es begreift nur, was es sieht, hört und erlebt. Kinder bis zum Schulalter haben größte Probleme, Zeiterscheinungen zu begreifen, die nicht der unmittelbaren Wahrnehmung zugänglich sind, sondern aus verschiedenen Komponenten kombiniert werden müssen. Sagt die Mutter z.B.: „In 5 Minuten kommt der Bus, beeile dich, sonst verpassen wir ihn“, begreift es nicht, dass eben dieser Bus schon zur Haltestelle unterwegs ist und ohne sie losfahren wird, wenn sie unpünktlich eintreffen. Erst im Alter von etwa 10 Jahren können Kinder Zeit einschätzen und entwickeln in der Folge eine „innere Uhr“.

---

5. Plenum

Im Plenum kann jede Gruppe von ihrem Thema berichten und einen kurzen Überblick über ihre Aufgabenstellung und die erarbeiteten Ergebnisse geben.

6. Impuls

Gott, der Schöpfer aller Zeit, teilt jedem Lebewesen seine Lebensspanne zu. Sie gilt es einzuteilen und zu nutzen. Alles was wir tun, jede Aufgabe hat ihre Phase und wird einmal vorbei sein. Dann spielt die irdische Dimension Zeit keine Rolle mehr. Das Zeitliche wird dann ins Ewige übergehen. Doch obwohl Gott jeder Person die Sehnsucht nach dem Unvergänglichen, dem Ewigen ins Herz gelegt hat (für alles auf der Welt hat Gott schon vorher die rechte Zeit bestimmt. In das Herz des Menschen hat er den Wunsch gelegt, nach dem zu fragen, was ewig ist. Aber der Mensch kann Gottes Werke nie voll und ganz begreifen - Prediger 3,11), hat der Mensch die Lebenszeit auf dieser Erde zum allein Reellen erklärt. Wir leben im Land der vielen Möglichkeiten. Alles wird zur Superlative: das Schwimmbad wird zum Erlebnisbad, der Spaziergang wird in den Walderlebnispfad verlegt, das Kaufhaus zur Erlebniswelt. Jegliches soll zum Besonderen werden. Und in der Tat versucht der moderne Mensch, möglichst viele Erlebnisse in sein Leben zu packen, denn das Leben ist kurz. Er rechnet nicht mehr mit dem ewigen Leben bei Gott. Weil er Gott und diese Dimension aus dem Blick verloren hat, muss er nun verzweifelt alles Hoffen, Sehnen und jede Wunscherfüllung in das Diesseits packen. Wenn wir unseren Blick aber nicht allein auf das Irdische richten, sondern uns immer wieder neu bewusst machen, dass jenseits der Zeit eine andere Dimension auf uns wartet, bekommt das Zeitliche eine andere Gewichtung. Natürlich endet das irdische Dasein mit dem Sterben, doch für uns Christen kommt das Beste erst noch. Das hat nichts mit einer Vertröstung auf die Ewigkeit zu tun, sondern bewahrt davor, der Spaß- und Konsumgesellschaft zu verfallen. Uns erwartet nicht das ewige Nichts, sondern als Kinder Gottes ein Leben in seiner Herrlichkeit: besser, reicher und tiefer, als wir es uns je vorstellen könnten. Ihm müssen wir aber auch Rechenschaft darüber ablegen, wie wir unsere Lebensspanne gefüllt haben. Betrachten wir unser Leben vom Ende her, verliert manches an Bedeutung und anderes wird dafür wichtig: *Lehre uns bedenken, dass wir sterben müssen, auf dass wir klug werden* (Psalm 90,12). In diesem Licht sollten wir auch die Familienphase betrachten. Hier lohnt es sich Zeit und Engagement zu investieren und unsere Kinder entgegen dem Trend in eine gute Richtung zu prägen.

7. Gebet

Herr, du bist der Geber aller Gaben.
Du gibst mir Stunden, Tage und Jahre.
Du bist Herr über Zeit und Ewigkeit,
der Einzige, der außerhalb von Raum und Zeit steht.

Du hast mir meine Lebensspanne bemessen,
ich darf sie füllen,
muss dir aber Rechenschaft ablegen.
Hilf mir recht mit deiner Gabe umzugehen.
Das Zeitliche gut zu gestalten,
gelingt nur im Licht der Ewigkeit.
Ich bitte dich, hilf mir, diese Dimension
nicht aus den Augen zu verlieren.
Hilf mir die richtigen Prioritäten zu setzen
und nicht zu viel in meine Tage zu packen.

Ich möchte mein Zeitliches
im Ewigen verankern.
Du, Herr, bist der Anker in der Zeit.
Amen.

21 | Mit Kindern Glauben leben

5. Mose 6,7
Prägt sie euren Kindern ein! Redet immer und überall davon, ob ihr zu Hause oder unterwegs seid, ob ihr euch schlafen legt oder aufsteht.

Psalm 78,3-4
Was wir gehört und erfahren haben, was schon unsere Väter uns erzählten, das wollen wir auch unseren Kindern nicht verschweigen. Jede Generation soll von den mächtigen Taten Gottes hören, von allen Wundern, die er vollbracht hat.

Ablauf
1. Einführung (max. 5 Minuten)
2. Spiel: Lückentext (ca. 5-10 Minuten)
3. Impuls (ca. 5 Minuten)
4. Kleingruppen (ca. 30 Minuten)
5. Plenum (ca. 20 Minuten)
6. Gemeinsames Lied (ca. 3 Minuten)

1. Einführung ins Thema

Irgendwann im Kindergartenalter fangen Kinder an, ernsthaft nach Gott zu fragen. Sie erleben sich zunehmend als Teil dieser Welt. Sie entdecken, dass alles vergänglich ist. Tiefgreifende Fragen brechen auf: „Wo war ich, bevor ich geboren wurde?" „Ist Opa jetzt im Himmel?" „Wer ist Gott?" „Wer hat das alles gemacht?" Hier sind vor allem die Eltern gefordert, die Fragen ihrer Kinder ernst zu nehmen und nach Antworten zu suchen. Diese Zeit birgt eine großartige Chance, sich gemeinsam auf den Weg zu machen, diesen Gott näher kennen zu lernen.
Studien zur religiösen Sozialisation geben an, dass 75% der Erwachsenen sagen, ihre Eltern seien in Bezug auf Religion prägend gewesen. Die Familie ist also der erste Lernort in Sachen Glaube. Wie ermutigend! Familien haben die Kompetenz, Glauben zu vermitteln. Diese Chance sollen wir nutzen und sie nicht anderen überlassen!

2. Spiel: Lückentext aus der Bibel

Die Teilnehmer werden in zwei oder vier Gruppen aufgeteilt. Jede Gruppe erhält den Lückentext (Kopiervorlage siehe unten). Der Text soll möglichst

ohne Hilfsmittel ausgefüllt werden. Besteht die Gruppe aus Teilnehmern, die kaum Bibelkenntnis besitzen, können zum Ausfüllen auch Bibeln (Luther '84) ausgeteilt werden.
Durch das Spiel soll deutlich werden, dass unser Wissen über biblische Geschichten oft ziemlich lückenhaft ist. Man kann aber nur glaubwürdig weitergeben, was man selbst sicher weiß. Es soll ermutigen, sich selbst intensiver auf die biblische Botschaft einzulassen.

Die Geburt Jesu (Lukas 2,1-20)

Es begab sich aber zu der Z____, dass ein Gebot von dem Kaiser A___________ausging, dass alle Welt g_________würde. Und diese Schätzung war die allererste und geschah zur Zeit, da Quirinius S________r in Syrien war. Und jedermann ging, dass er sich schätzen ließe, ein jeder in seine S______.
Da machte sich auf auch J_______ aus G________, aus der Stadt N________, in das jüdische Land zur Stadt D_________, die da heißt B________, weil er aus dem Hause und Geschlechte Davids war, damit er sich schätzen ließe mit M_______, seinem v________ Weibe; die war s_________.
Und als sie dort waren, kam die Zeit, dass sie g___________sollte. Und sie gebar ihren e__________ S________und wickelte ihn in W__________und legte ihn in eine K_________; denn sie hatten sonst keinen Raum in der H__________.

Und es waren H___________in derselben Gegend auf dem F__________ bei den Hürden, die h__________ des N___________ihre H_______. Und der E_________ des H__________ trat zu ihnen, und die K___________ des Herrn leuchtete um sie; und sie f_____________ sich sehr.
Und der Engel sprach zu ihnen: F__________ e___________nicht! Siehe, ich v___________ euch große F___________, die allem V_______widerfahren wird; denn euch ist h_______der H__________ geboren, welcher ist C___________, der Herr, in der S__________ Davids. Und das habt zum Z_____________: Ihr werdet f____________ das Kind in Windeln g___________und in einer Krippe l____________. Und alsbald war da bei dem E____________die Menge der h______________ Heerscharen, die l_____________ Gott und s_______________: E_________sei Gott in der H______________und F____________ auf Erden bei den M____________ seines Wohlgefallens.

Und als die Engel von ihnen gen H__________ fuhren, sprachen die H____________ untereinander: Lasst uns nun g__________ nach B____________ und die G__________sehen, die da geschehen ist, die uns der H_______kundgetan hat. Und sie kamen eilend und f____________ beide, M________ und J__________, dazu das K_________ in der Krippe liegen. Als sie es aber g_________ hatten, breiteten sie das W_________aus, das zu ihnen von diesem K________gesagt war. Und alle, vor die es kam, w___________sich über das, was ihnen die H__________gesagt hatten.

M_________ aber behielt alle diese W________ und bewegte sie in ihrem H_________. Und die Hirten k_________ wieder um, p________ und lobten Gott für alles, was sie g_________ und gesehen hatten, wie denn zu ihnen g__________war. Und als a_______ T__________um waren und man das Kind b____________musste, gab man ihm den N_________ J_________, wie er genannt war von dem Engel, ehe er im Mutterleib e_______________ war.

---

3. Impuls

Kinder sind genaue Beobachter. Wir können ihnen nur schwer etwas vormachen. Sie spüren meist sehr schnell, was uns wichtig ist bzw. nur eine Nebenrolle spielt. Deshalb ist es nötig, dass wir uns selbst mit Gott beschäftigen, in seinem Wort lesen, mit ihm reden, auf ihn hören und in den Gottesdienst gehen. Es kommt den Kindern sonst mit der Zeit etwas seltsam vor, wenn wir sie anhalten, den Kindergottesdienst zu besuchen, aber selbst sonntags wenig vom Kirchgang halten. Es wird uns kaum gelingen, unsere Kinder mit Jesus Christus bekannt zu machen, wenn wir ihn nicht persönlich kennen. Nur wenn ich selbst davon überzeugt bin, dass ein Leben mit Gott als meinem Herrn sich lohnt, kann ich ein glaubwürdiger Zeuge sein.
Also zählen auch hier, wie in vielen anderen Bereichen des Lebens, mein Vorbild und Vorleben mehr als meine Worte. Zum Vorleben gehört aber auch, den Glaube für mein Kind erlebbar zu machen. Das bedeutet, Gott in den Alltag des Kindes einzubeziehen. Dafür gibt es verschiedene Möglichkeiten.

4. Kleingruppen

Es werden vier Möglichkeiten vorgestellt, die helfen können, Gott konkret in den Alltag des Kindes einzubeziehen und ihn kennen zu lernen. In den Gruppen soll über diese diskutiert, vor allem aber sollten praktische Ideen und Hilfen erarbeitet und ausgetauscht werden.

Die Teilnehmer können sich nach Interesse frei den Gruppen zuordnen. Jede Gruppe erhält einige Hinweise und Gedanken als Anregung.

Gruppe 1: **Mit Kindern über Gott reden**
Gruppe 2: **Mit Kindern beten**
Gruppe 3: **Das Kirchenjahr gestalten**
Gruppe 4: **Der Sonntag in der Familie**

Gruppe 1: Mit Kindern über Gott reden

„In der Schule lernen die Kinder, wie man liest, aber das Elternhaus wird sie lehren, was sie lesen sollen. In der Schule lernen sie das Denken, aber das Zuhause bringt ihnen bei, was sie glauben können.“
„Von Gott sprechen, heißt seine Geschichten zu erzählen“ (Claudia Filker).

Kinder lieben Geschichten. Schon kleinen Kindern kann man so das Leben Jesu vor Augen malen und sie mit ihm vertraut machen. Es lohnt sich, eine reich bebilderte Kinderbibel anzuschaffen und daraus vorzulesen. Das Erzählen mit Hilfe dieser Bilder ist oft besser als ein bloßes Vorlesen, denn dabei kann eher auf den Entwicklungsstand und Wortschatz des Kindes eingegangen werden. Es setzt allerdings voraus, dass sich die Eltern zuvor selbst mit der Geschichte auseinandergesetzt haben. Das hat wiederum den Vorteil, nicht einfach vorformuliertes Wissen abzulesen, sondern es sich selbst anzueignen. Auf dem Büchermarkt gibt es ein großes Sortiment guter Kinderbibeln mit unterschiedlicher Vielfalt an Geschichten. Am eindrücklichsten ist es, wenn wir Kindern von eigenen Glaubenserfahrungen erzählen. So entdecken sie, dass Gott nicht nur früher erlebbar war, sondern noch heute an Menschen handelt - sogar mit Personen, die sie kennen und denen sie vertrauen. Dadurch gewinnt Gott in der Vorstellung der Kinder Kontur.

Hilfe zum Gespräch über Gott
Eltern dürfen über ihren Glauben genauso selbstverständlich reden wie über andere Dinge.
Schon Kleinkindern, die noch keine Geschichten verstehen, kann man alltägliche Dinge mit Gott in Verbindung bringen: „Diese Blume hat Gott gemacht.“
Warum ist es wichtig, dem Kind von Gott zu erzählen?
Weiß ich auf eine Frage keine Antwort, darf ich das dem Kind sagen und mich zusammen mit ihm auf die Suche nach einer Antwort machen, z.B. in der Bibel lesen.

Gruppe 2: Mit Kindern beten

„Das Größte, was eine Mutter für ihr Kind tun kann, ist, dass sie mit ihm betet."
„Beten ist ein Reden des Herzens mit Gott" (Martin Luther).

Gebet ist Kommunikation. Ohne sie ist Beziehung nicht möglich. Im Gebet suchen wir Gottes Nähe. Wir begeben uns damit in seinen Thronsaal und haben Audienz bei ihm. Gebete können sowohl gestammelt oder in Reimform, aber auch ganz frei formuliert werden. Wichtig ist dabei zu vermitteln, dass wir über alles mit Gott reden können. Für Gott ist nichts unwichtig. Auch beim Beten gilt: „Übung macht den Meister." Je mehr wir es praktizieren, desto selbstverständlicher wird es. Gebet kann in viele Situationen des Alltags eingebaut werden: vor dem Essen, beim Schlafengehen oder vor der Schule bzw. Kindergarten, aber auch bei anstehenden Problemen oder erfahrener Bewahrung und vieles andere mehr. Allerdings müssen wir unsere Kinder darauf aufmerksam machen, dass Gott kein Wunscherfüllungsautomat ist. Die Erklärung, dass Gott unser ganzes Leben im Blick hat und nicht nur den augenblicklichen Herzenswunsch, hilft, Enttäuschungen besser einzuordnen.

Fragen für das Gespräch
Warum reden wir mit Gott?
Warum wollen wir, dass unsere Kinder mit Gott reden lernen?
Wo finden Gebete in unserem Alltag Platz?
Wo können beim Gebet Probleme auftreten?
Wie können wir unseren Kindern helfen, mit unerfüllten Gebeten zu leben/umzugehen?

Gruppe 3: Das Kirchenjahr gestalten

„Das Beste, was du deinem Kinde außer guten Gewohnheiten mitgeben kannst, sind gute Erinnerungen."

Im Kirchenjahr bieten sich viele Möglichkeiten Festzeiten als Höhepunkte im Familienleben zu gestalten. Es beginnt mit der Adventszeit. Gerade diese eignet sich besonders, sie gemeinsam mit den Kindern zu gestalten. Aber auch Weihnachten, Ostern, Pfingsten, Erntedank und noch weitere (s.u.) können kindgerecht gestaltet werden. Hinter jedem Fest verbirgt sich eine

Geschichte, die wir durch das Schmücken der Wohnung, passende Lieder, Basteleien und Rollenspiele zum Leben erwecken können. Gestalten wir diese Feste bewusst mit unseren Kindern, wird daraus mit den Jahren eine lebendige Tradition. Dabei verinnerlicht sich die Bedeutung der Feste spielerisch, wie nebenbei, und gerät auch in späteren Jahren nicht mehr in Vergessenheit. Diese sich dabei entwickelnden Familientraditionen prägen die Atmosphäre positiv, fördern den Zusammenhalt und geben dem Nachwuchs gute Erinnerungen mit auf den Weg. Diese Bräuche werden später oft an nachfolgende Generationen weitergegeben.

Fragen für das Gespräch

Welche Geschichten verbergen sich hinter den einzelnen Festen?
Welche Bräuche/Traditionen haben sich daraus entwickelt? Welche sind verloren gegangen oder stehen in der Gefahr, verloren zu gehen?
Welche Bräuche/Traditionen leben wir in der Familie?
Wie können wir dem Konsumzwang entgegenwirken und Festzeiten bewusst gestalten?

Kirchenjahr

Advent - Weihnachten - Heilige drei Könige - Aschermittwoch / Fastenzeit / Passionszeit - Ostern - Pfingsten - Erntedank - Martinstag - Nikolaus

---

Gruppe 4: Der Sonntag in der Familie

„Ohne Sonntage gibt es nur noch Werktage." (EKD)

Der Sonntag ist ein Geschenk Gottes. Er möchte uns einen Ruhetag gönnen, doch wir meinen vielfach, ohne ihn auskommen zu können. Der Sonntag ist dazu da, alle Alltagsgeschäfte ruhen zu lassen, sich eine Auszeit zu nehmen und Zeit mit Gott zu verbringen. Dieses Geschenk „Zeit" lohnt sich, sie als Familie zu gestalten. Gemeinsam in den Gottesdienst gehen, prägt Kinder viel mehr, als sie allein zu schicken. Hier ist die Glaubwürdigkeit der Eltern gefragt. Auch die Mutter hat den Sonntag verdient. Deshalb sollten wir uns fragen, ob ein aufwändiges Sonntagsessen sein muss. Wenn ja, könnte es schon am Tag vorher vorbereitet werden? Es gibt Familien, die deshalb sonntags ausgiebig frühstücken, das Mittagessen unter den Tisch fallen lassen oder nur einen Snack zu sich nehmen, dafür aber am Nachmittag gemütlich Kaffe und Kuchen genießen.

Fragen für das Gespräch

Bedeutet der Sonntag, so wie er bisher abläuft, mehr Lust oder mehr Frust?
Den Sonntag feiern: Worin könnte das „Feierliche" bestehen?
Sonntag: ein Tag zum Aufatmen, nicht abhängen. Was bedeutet das praktisch für den Leib, die Seele und den Geist?
Nach jüdischer Auffassung fängt der Ruhetag schon am Vorabend an. Am Samstag können schon Weichen für den Sonntag gestellt werden. Welche Weichenstellungen sind denkbar?
Was würde sich an unserem Sonntagserleben ändern, wenn wir als Familie wirklich von der Arbeit ruhen würden? Was hindert uns dies zu tun?

Es wurde unter ihnen kein Sonntag

Eine afrikanische Sage erzählt: Eines Tages kamen unter einem großen Baum die Tiere zusammen, weil auch sie wie die Menschen einen Sonntag haben wollten. Der Löwe, der König der Tiere, erklärte: „Es ist ganz einfach. Für mich ist Sonntag, wenn ich eine Gazelle verspeise." Das Pferd sagte: „Für mich ist schon Sonntag, wenn ich auf einer weiten Koppel stundenlang traben kann." Das Schwein grunzte: „Ich brauche eine Druckmulde und einen Sack Eicheln, dann ist für mich Sonntag." Das Faultier gähnte und bettelte: „Bei mir wird es Sonntag, wenn ich einen dicken Ast zum Schlafen habe." Der Pfau stolzierte im Kreis, zeigte sein prächtiges Federkleid und sagte höflich, aber bestimmt: „Mir genügt ein Satz neuer Schwanzfedern für meinen Sonntag." So erzählten und erklärten die Tiere stundenlang und alle ihre Wünsche wurden erfüllt. Aber es wurde unter ihnen kein Sonntag. Da kamen Menschen vorbei und lachten über die Tiere: „Wisst ihr denn nicht, dass es nur Sonntag wird, wenn man mit Gott wie mit einem Freund spricht?"

5. Plenum

Jede Gruppe gibt einen kurzen Bericht (max. 5 Minuten) über die erarbeiteten Möglichkeiten.
Eventuell stellt man einen Büchertisch zusammen. Dort kann es zum Ausleihen und/oder Kaufen verschiedene Kinderbibeln für alle Altersstufen geben, Bücher mit Kindergebeten, Anleitungen für die Gestaltung von kirchlichen Festtagen, Ideenbörse für Sonntagsgestaltung, Andachtsbücher für Familien usw.

6. Gemeinsames Lied

Das Lied „Wenn dein Kind dich morgen fragt" wird gemeinsam gesungen oder - wenn vorhanden - von CD vorgespielt.

22| Nesthäkchen & Co

1. Mose 25,20-34 und 1. Mose 27,1-41
(Geschwisterrivalität zwischen Jakob und Esau)

Ablauf
1. Einführung (ca. 2 Minuten - die biblische Geschichte muss am Anfang nicht gelesen werden, da sie später erzählt wird)
2. Test Geschwisterfolge (ca. 10 Minuten)
3. Kleingruppen (ca. 25 Minuten)
4. Plenum (ca. 10 Minuten)
5. Biblische Geschichte von Jakob und Esau (5-10 Minuten)
6. Gespräch über die biblische Geschichte (ca. 15-20 Minuten)
7. Lied (ca. 4 Minuten)

1. Einführung

Die Geschwisterkonstellation hat Auswirkungen auf das Leben. Ob ich als ältestes, mittleres oder jüngstes Kind geboren wurde, beeinflusst mein Wesen, meine Berufswahl, Ehebeziehung und meinen Umgang mit den eigenen Kindern.
Jede Geschwisterposition weist besondere Merkmale auf. Sie begünstigt typisch positive, aber auch negative Eigenschaften, die uns oft ein Leben lang anhaften. Weiß man um die kennzeichnenden Eigenarten eines Erstgeborenen oder Einzelkindes, eines Sandwichkindes oder Nesthäkchens, fällt es leichter, Charakterzüge bei sich selbst und anderen zu verstehen.

2. Test Geschwisterfolge

Jeder Teilnehmer erhält einen Test (siehe nächste Seite) und füllt ihn für sich aus (Auswertung auf die Rückseite kopieren). Dazu den jeweils zutreffenden Buchstaben hinter die Frage schreiben.
Es ist spannend, ob als Lösung tatsächlich die eigene Geschwisterposition herauskommt und ob die ihr nachgesagten Eigenschaften zutreffen.

A = trifft genau zu
B = trifft manchmal zu
C = trifft nicht zu

Test Geschwisterfolge

Ich neige zum Perfektionismus.

Manipulieren liegt mir nicht.

Charmant zu sein, gehört nicht zu meinen natürlichen Begabungen.

Die meisten Babyfotos wurden von mir gemacht.

Auf mich kann man sich verlassen; ich halte ein, was ich verspreche.

Entweder mache ich etwas ganz oder gar nicht; halbe Sachen liegen mir nicht.

Konflikte kann ich aushalten, meine Interessen vertreten fällt mir nicht schwer.

Ich pflege lieber wenige gute als vielfältige bunte Freundschaften.

Ich organisiere gerne und erstelle Listen.

Ich weiß, was ich will, und kämpfe das auch durch.

Als Jugendliche/r war ich nicht frühreif.

Ich bin eher ein ernsthafter Mensch; albern sein, kommt nicht so häufig vor.

Ich bin strebsam, Leistung ist mir wichtig.

Wenn etwas misslingt, neige ich dazu die Schuld auf mich zu nehmen.

Ich übernehme gerne Verantwortung.

Auflösung

Überwiegend A: Mit großer Wahrscheinlichkeit sind Sie als ältestes Kind oder als Einzelkind aufgewachsen. Ihnen wird nachgesagt, dass Sie perfektionistisch, verlässlich, gewissenhaft, organisiert, kritisch, ernsthaft und gelehrt sind.

Überwiegend B: Könnte es sein, dass Sie ein Mittelkind sind? Mittelkinder stecken voller Geheimnisse und auch Widersprüche. Sie stehen zwischen dem Großen und dem Kleinen und es ist am schwierigsten, ihren Platz zu definieren. Über Mittelkinder wird gesagt, dass sie diejenigen sind, von denen die wenigsten Fotos im Familienalbum zu finden sind, sie seien vermittelnd, konfliktscheu, unabhängig, sie fühlten sich ihrem großen Freundeskreis ausgesprochen verpflichtet und seien dennoch Einzelgänger.

Überwiegend C: Es ist anzunehmen, dass Sie ein jüngstes Kind sind, deshalb haften Ihnen eventuell folgende Eigenschaften an: manipulierend, charmant, gibt anderen die Schuld, prahlerisch, auf Menschen zugehend, guter Verkäufer, frühreif, gewinnendes Wesen.

3. Kleingruppen

Anhand der eigenen Geschwisterposition werden drei Gruppen eingeteilt:

Gruppe 1: **Ältestes Kind** oder **Einzelkind**
Gruppe 2: **Mittelkind**
Gruppe 3: **Jüngstes Kind**

Die kurze Erläuterung zur Geschwisterfolge mit anschließenden Fragen dient als Einstieg ins Gespräch. Es ist sinnvoll, vor dem Lesen der Charakteristik die beiden Fragen zur eigenen Geschwisterposition zu besprechen.

Gruppe 1: Ältestes Kind oder Einzelkind

Fragen für das Gespräch
Wie habe ich meine Geschwisterrolle als ältestes Kind/Einzelkind empfunden?
Welche Vor- und Nachteile ergaben sich dadurch?

Welche Eigenschaften zeichnen das Erstgeborene aus?

Das Erstgeborene wird meistens mit viel Neugierde und Spannung erwartet. Mit seiner Geburt ändert sich das Leben des bisher kinderlosen Paares und ihr Leben gerät kurzfristig aus den Fugen. Weil die Eltern noch unerfahren sind, lesen sie sich häufig aus Büchern Wissen an, das sie am Nachwuchs „ausprobieren“. Erstgeborene sind „Versuchskaninchen“, weil Vater und Mutter noch auf keine Praxis zurückgreifen können.

Jeder Entwicklungsschritt wird interessiert verfolgt und mit Applaus belohnt. Egal welche Phase das Kind durchlebt, für Eltern sind alle Stadien Neuland und benötigen Neuorientierung. Die Eltern wachsen gleichsam mit ihrem Erstgeborenen. Das Kind muss die elterliche Aufmerksamkeit nicht mit Geschwistern teilen, wodurch eine individuelle Förderung in hohem Maße möglich ist. Es ist fast ausschließlich von Erwachsenen umgeben und wird von ihnen ermuntert und bestärkt. Das Resultat ist, dass sie vieles, wie z.B. laufen und sprechen früher als ihre nachgeborenen Geschwister lernen. Das Rampenlicht, in dem das Erstgeborene steht, bewirkt aber auch einen enormen Druck. Ein Aus-der-Reihe-Tanzen wird ihm nicht zugestanden. Älteste müssen dazu früh für Geschwister und im Haushalt Verantwortung übernehmen.

Durch diese Gegebenheiten sind Erstgeborene häufig besonders ehrgeizig und erreichen viel. Sie nehmen oft Führungspositionen ein und haben ein gutes Selbstvertrauen. Sie gelten als ausdauernd, zuverlässig, klug, gut organisiert, hilfsbereit, loyal, autoritätsgläubig und sind zielorientierte Macher, die alles gut im Griff haben. Allerdings lieben sie keine Überraschungen, gelten als kritisch und wirken manchmal ein bisschen streng und zugeknöpft, besserwisserisch und ernst.

Fragen für das Gespräch

Wie wird diese Geschwisterposition beschrieben?
Erkenne ich typische Merkmale bei meinem Kind?

Gruppe 2: Mittelkind

Fragen für das Gespräch

Wie habe ich meine Geschwisterrolle als Mittelkind empfunden?
Welche Vor- und Nachteile ergaben sich dadurch?

Welche Eigenschaften zeichnen Mittelkinder aus?

Der Ausdruck „Sandwichkind“ steht kennzeichnend für das zweite, dritte, vierte ... Kind in der Geschwisterreihe. Seine Position ist schwierig zu beschreiben, denn es lebt immer im „sowohl-als-auch". Es ist sowohl älter als auch jünger als seine Geschwister. Es wurde zu spät geboren um die Privilegien des Ältesten zu genießen, und kam zu früh zur Welt, um sich die Freiheiten des Nesthäkchens herauszunehmen. Das Sandwichkind bekommt Druck von unten und von oben und kommt schneller als andere in die Gefahr sich in der Opfer- oder Märtyrerposition zu sehen. Die Mittelstellung hilft ihm Diplomatie und Verhandlungsgeschick zu entwickeln. Dabei neigt es aber zur Manipulation und versucht die Situation in eine für es angenehme Richtung zu lenken.

Das Erstgeborene beeinflusst das Zweitgeborene am meisten. Es versucht sich am Älteren zu messen. Gelingt es, kann es zum erbitterten Machtkampf kommen. Meistens aber entwickelt sich das Zweite zum Gegenteil des ersten Kindes und entfaltet seinen eigenen Lebensstil. Doch egal welchen Weg es einschlägt, der geheime Antreiber heißt: der Erstgeborene soll überrundet werden, um Anerkennung zu bekommen. Leider fühlen sich Mittelkinder oft nicht genügend respektiert und als drittes Rad am Wagen mit der Folge, dass sie oft als Erste ihr Zuhause verlassen. Doch Sandwichkind sein, hat auch viele Vorteile: weil Eltern mit dem Nachgeborenen schon gelassener umgehen, sind sie in der Regel ausgeglichener und haben keine hochgeschraubten Erwartungen. Sie gelten als zufriedene Zeitgenossen, die sich gut anpassen können. Sandwichkinder müssen nicht im Mittelpunkt stehen und sich als Nabel der Welt fühlen. Sie sind kooperations- und teamfähig und dazu besonders kompromissbereit.

Fragen für das Gespräch

Wie wird diese Geschwisterposition beschrieben?
Erkenne ich typische Merkmale bei meinem Kind?

Gruppe 3: Jüngstes Kind

Fragen für das Gespräch

Wie habe ich meine Geschwisterrolle als Nesthäkchen empfunden?
Welche Vor- und Nachteile ergaben sich dadurch?

Nesthäkchen werden in eine bestehende Familienstruktur geboren. Die Eltern haben inzwischen schon einiges an Erfahrung gesammelt und ihren Erziehungsstil gefunden, deshalb sind sie viel gelassener. Die älteren Geschwister gestalten das Familienleben turbulent, sodass dem neu angekommenen Nachwuchs nicht die volle Aufmerksamkeit gewidmet werden kann.

Das Letztgeborene läuft oft nebenher und kann sich ohne viel Erwartungsdruck entwickeln. Es weiß, dass es mit seinen älteren Geschwistern nicht konkurrieren kann, und steht in deren Schatten. Macht es Fortschritte, findet es kaum Beachtung, denn die Geschwister sind ihm mit ihrem Können längst zuvorgekommen. Das Jüngste wird nicht mehr mit derselben Leidenschaft wie das Erstgeborene gefördert. Oft sind die Eltern schon ein bisschen müde und nicht mehr so motiviert. Doch trotz allem kommt ein Nesthäkchen selten zu kurz und entwickelt einen sechsten Sinn Aufmerksamkeit einzufordern. Meistens sind sie unkomplizierte, unterhaltsame Charmeure, die mit einer gewissen Leichtigkeit durchs Leben gehen. Sie haben ein gewinnendes Wesen, wissen zu manipulieren und sind fröhliche unkomplizierte Zeitgenossen, die gut auf andere zugehen können. Diese Wesenszüge mussten sie quasi als Überlebensstrategie entwickeln. Weil sie als die Kleinsten wenig Verantwortung tragen müssen, lehnen sie diese auch erst mal ab. Sie lieben es, Schuld auf andere zu schieben.

Fragen für das Gespräch
Wie wird diese Geschwisterposition beschrieben?
Erkenne ich typische Merkmale bei meinem Kind?

4. Plenum
Um allen Gruppen einen Überblick über die Eigenarten der Geschwisterpositionen zu geben, werden die Einführungen vorgelesen und anschließend zusammengetragen, was im Gespräch erarbeitet wurde.
Aber Vorsicht: Vertrauliches gehört nicht ins Plenum, es sei denn, der Betroffene wünscht es!

5. Biblische Geschichte von Jakob und Esau
Rebekka hatte es sich so schön vorgestellt, endlich Mutter zu sein. Nach der Hochzeit mit Isaak musste sie jedoch zwanzig lange Jahre warten, bis sie endlich guter Hoffnung war und sich ihr Kinderwunsch gleich im Doppelpack erfüllte. Doch nun war alles anders, als sie es sich erträumt hatte. Ihre Söhne, Esau, der Erstgeborene, und Jakob, der unmittelbar nach seinem Zwillingsbruder geboren wurde, waren seit frühster Kindheit unerbittliche Rivalen. Esau, Vater Isaaks Lieblingssohn, war ein rauer Bursche, ein Kämpfertyp mit kräftiger Statur. Hart im Nehmen, geschickt in der Jagd, so ganz wie ein Vater sich seinen Sohn wünscht. Wie gut, dass Esau als dem Erstgeborenen alle Rechte zustanden und dazu auch der Segen. So war es damals üblich.

Dass Gott schon vor der Geburt der Zwillinge den Jüngeren zum Segensträger ausgewählt hatte, wollte er bewusst vergessen. Jakob dagegen war kein Wildfang. Er galt als der Ruhige, Gutsituierte. Er war gerne bei seiner Mutter in der Küche, um ihr zu helfen. Dabei genoss er die Gespräche mit ihr. Ja, er war von feingliedriger, etwas zarter Statur sowie geselliger Art. Ein Sohn ganz nach dem Herzen der Mutter. Dass Gott schon vor der Geburt der Zwillinge den Jüngeren zum Segensträger ausgewählt hatte, würde sie nie vergessen.

Rebekka ließ keine Gelegenheit aus, ihren jüngsten Sohn darauf hinzuweisen, dass Gott Großes mit ihm vorhatte und ihm die Privilegien seines Bruders eigentlich zustehen sollten. Mit den Jahren brodelte in Jakob der Neid auf die Vorrechte und die Sonderrolle, die sein älterer Bruder beim Vater innehatte. Er plante, den Spieß umzudrehen, was ihm auch ansatzweise durch seine Kochkünste gelang: Esau war wie so oft hungrig von der Jagd zurückgekommen und schaute neugierig in Jakobs Kochtopf. Dieser hatte Esaus Lieblingsgericht zubereitet. Nun wollte Jakob ihm nur dann etwas zum Essen geben, wenn Esau auf sein Erstgeburtsrecht verzichten und es Jakob abgeben würde. Er war fest entschlossen, dem Älteren die Rechte und seine Position zu rauben. Esau hatte kein Problem damit und bewertete diese Aktion falsch. Dieses rein äußerliche Recht war ihm nicht wichtig und er wähnte sich seiner bevorzugten Stellung beim Vater sicher. Jakob war für ihn der in seinem Schatten stehende kleine Bruder. Esau lebte im Hier und Jetzt, lebte von der Hand in den Mund.

Bald darauf kam es zum Supergau: Vater Isaak spürte sein bevorstehendes Ende nahen und wollte Esau, seinen erstgeborenen Lieblingssohn, segnen. Rebekka jedoch bekam von diesem Vorhaben Wind und beauftragte ihren Favoriten Jakob damit, Esau um den Segen zu betrügen. Eilends bereitete Jakob das vom Vater an Esau beauftragte Wildgericht zu, verkleidete sich als sein älterer Bruder und gab sich als solcher vor dem blinden Vater aus. Nach anfänglicher Skepsis ließ Isaak seinen jüngeren Sohn niederknien und segnete ihn. Damit wurde Jakob zum offiziellen Segensträger der Familie, dem alle Rechte zustanden. Der zurückgekehrte Esau deckte den Betrug auf.

Hass, Ohnmacht, Zwietracht und Rache wuchsen aus diesem von Rebekka eingefädelten Betrug. Sie wollte Gott auf die Sprünge helfen und führte damit ein Familiendrama herbei. Dabei verlor sie ihren Lieblingssohn. Rebekka sollte ihn nie wiedersehen, denn Jakob musste fliehen, weil Esau ihm Rache geschworen hatte.

Geschwisterrivalität gibt es, seit es Familien gibt. An dieser Familie wird deutlich, wie schief Geschwisterbeziehungen laufen können. Allerdings waren die Eltern nicht unbeteiligt.

6. Gespräch über die biblische Geschichte

Entweder in Kleingruppen zu je drei bis vier Personen oder im Plenum.

Fragen für das Gespräch

Was war das Problem in dieser Familie? (Der Ältere hatte alle Rechte; der Jüngere war ein verhätscheltes Muttersöhnchen.)
Was lief schief? (Jedes Elternteil hatte sein Lieblingskind und einen eigenen Plan; die Ehepartner redeten nicht miteinander.)
Was hätte man ändern können? (Miteinander reden, sich an Gottes Verheißung erinnern und festhalten; Gott nicht ins Handwerk pfuschen.)

Zum Abschluss des Gesprächs werden „Tipps zum Umgang mit Nesthäkchen und Co." ausgeteilt.

Tipps zum Umgang mit Nesthäkchen & Co.

Ältestes Kind
Ausgewogenheit zwischen Pflichten und Vorrechten
Beispiel: Abends 20 Minuten länger aufbleiben, ab und zu als „Großer" etwas allein mit Mutter oder Vater unternehmen usw.

Mittleres Kind
Nicht das Gleiche erwarten wie vom Erstgeborenen
Entwickelt sich oft zum Gegenteil des ersten Kindes

Jüngstes Kind
Nicht im „Erziehungseifer" nachlassen, sonst werden Nesthäkchen zu Meistern im „Sich-Drücken".
Bettgehtzeiten, Taschengeld, Mithilfe im Haushalt usw. der älteren Geschwister notieren und gerecht einhalten.

Alle Geschwister möglichst in einem noch nicht besetzten Bereich fördern.
Für jedes Kind sich regelmäßig allein Zeit nehmen.

---

7. Lied

Vergiss es nie

23| Von der Kunst, mein Kind zu ermutigen

Römer 15,5
Gott aber, der uns immer wieder neuen Mut und Trost schenkt, helfe euch, einmütig zu sein, so wie es euch Jesus Christus gezeigt hat.

Ablauf
1. Vom Mauerblümchen zur Orchidee (ca. 5 Minuten)
2. Einführung (ca. 1-2 Minuten)
3. Austausch (max. 5 Minuten)
4. Puzzle: Die 5 goldenen Regeln der Ermutigung (ca. 5 Minuten)
5. Kleingruppen (ca. 20-30 Minuten)
6. Plenum (ca. 10-15 Minuten)
7. Impuls (ca. 5 Minuten)
8. Kreativ: Ermutigungsschächtelchen (ca. 20 Minuten)
9. Kindermutmachlied (ca. 4 Minuten)

1. Vom Mauerblümchen zur Orchidee

Elisabeth war ein scheues, streng frisiertes, wortkarges junges Mädchen. Modebewusstsein und Ausgehtipps waren ihr ebenso fremd, wie die wohlwollende Aufmerksamkeit junger Männer auf sich zu ziehen. Mit Müh und Not hatte sie die mittlere Reife bestanden und auf eine anschließende Berufsausbildung verzichtet. Freundinnen hatte sie keine. Nicht, dass sie streitsüchtig oder besserwisserisch gewesen wäre - dies war nicht der Grund. Die Ursache bestand vielmehr darin, dass sie auf Annäherungsversuche ihrer Klassenkameradinnen stets abweisend reagierte mit dem freundlichen Hinweis, keine Zeit zu haben. Elisabeth hatte den Ruf, zwar lieb und freundlich, dazu aber viel zu ernst, unnahbar sowie hoffnungslos altmodisch zu sein. Hinter vorgehaltener Hand wurde über sie immer wieder prophezeit, als alte Jungfer zu enden. Denn eines erschien unabwendbar: für dieses schmucklose Mauerblümchen würde sich kein Bräutigam finden.
Drei Jahre nach Elisabeths Schulabschluss ging die Botschaft wie ein Lauffeuer durch die Kleinstadt: Elisabeth habe den attraktiven Bürgermeistersohn der nahen Kreisstadt geheiratet. Damit hatte keiner gerechnet, denn Patrick Großmann war eine gute Partie: wohlhabend, gutaussehend und charmant, dazu ehrlich, fleißig und anständig. Kurz gesagt: ein junger Mann, der wählerisch sein konnte. Jahrelang hörte man nichts mehr von der über-

aus schlichten jungen Frau - bis zum Klassentreffen nach 10 Jahren. Fast alle waren gekommen, um sich über vergangene Zeiten auszutauschen.
Irgendwann fiel das Gespräch auf Elisabeth. Auf die Frage, ob jemand etwas über ihr Ergehen wisse, meldete sich Bernd zu Wort. Er sei seit einigen Jahren mit Patrick Großmann befreundet, deshalb sehe er immer wieder auch die einstige Klassenkameradin. Als er Elisabeth zum ersten Mal traf, erkannte er sie nicht. Die wunderhübsche junge Frau, die ihm sein Freund in tiefer Liebe vorstellte, erinnerte ihn in keiner Weise an das einstige Mauerblümchen Elisabeth. Sie war attraktiv und hatte eine beeindruckende Ausstrahlung. Dazu wusste sie sich auszudrücken und war geschickt im Umgang mit den drei Kindern. All das ließ auf ein gutes Selbstwertgefühl schließen. Ganz anders als bei dem schüchternen und schweigsamen Schulmädchen von damals. Als Bernd das erste Mal auf Elisabeth traf, bemerkte der Sohn des Bürgermeisters schnell das Erstaunen seines Gastes. Bernd fragte ihn, weshalb er ausgerechnet dieses unscheinbare Mädchen geheiratet hatte und was ihre Verwandlung bewirkte. Patrick gab zur Antwort, dass er wusste, was in diesem Mädchen steckte. Sie war mutterlos mit drei Geschwistern aufgewachsen und versorgte neben der Schule den Haushalt. Als er sie kennen lernte, erkannte er ihr Herz aus Gold und die verborgene Schönheit, die nur erblühen musste. Im Wissen um ihr Potenzial und der Kostbarkeiten, die in ihr schlummerten, warb er um sie und siehe da, seine Liebe und Annahme verhalf ihr zum Aufblühen.
In diesem Moment betrat eine hübsche, modisch gekleidete Frau den Raum. Erst beim näheren Hinsehen erkannten die Klassenkameraden Elisabeth. Nun konnten sie sich selbst von ihrer wunderbaren Verwandlung vom Mauerblümchen zur Orchidee überzeugen.

2. Einführung

Ermutigung kann Wunder wirken. Sie ist wie Leben spendendes Wasser, das verborgene, unscheinbare Saatkörner zu blühenden Pflanzen heranwachsen lässt. Reinhold Ruthe, der bekannte Kinder- und Jugendlichenpsychotherapeut sagt: „Ermutigung braucht der Mensch wie die Luft zum Atmen. Sie ist wie Sauerstoff für die Seele."

Durch die Kunst der Ermutigung werden die natürlichen Gaben und Fähigkeiten unserer Kinder gefördert, ohne sie mutlos zu machen. Aus einem willensschwachen, desinteressierten Kind kann mit der Zeit ein lebensbejahender Mensch werden, der sein Leben zuversichtlich in die Hand nimmt und verantwortlich handeln lernt. Ein Mensch, der seine Talente nicht ungenutzt verkümmern lässt, sondern mutig einsetzt.

3. Austausch

mit dem Sitznachbarn zu den Fragen:
Wer war in meiner Kindheit Ermutiger?
Was hat mich ermutigt / wie wurde ich ermutigt?

4. Puzzle

Die Teilnehmer sollen das Puzzle zusammensetzen und die Regeln vorlesen.

Vorbereitung

Das Männchen mit den 5 goldenen Regeln auf DIN A3 vergrößern (Kopiervorlage siehe unten), ausschneiden und als Puzzle in fünf Teile (oder mehr) zerschneiden.

5. Kleingruppen

Je nach Anzahl der Teilnehmer werden sie in zwei bis fünf Gruppen aufgeteilt. Jede Gruppe soll sich mit mindestens einer Regel auseinandersetzen und darüber ins Gespräch kommen.

Müssen sich die Gruppen wegen geringer Teilnehmerzahl mit mehreren Regeln beschäftigen, mehr Zeit einplanen! Jede Gruppe erhält eine Vorlage für die Regel(n) und mit einer Frage für das Gespräch.

Gruppe 1: **Ermutigen heißt: das Kind annehmen**
Gruppe 2: **Ermutigen heißt: an das Kind glauben**
Gruppe 3: **Ermutigen heißt: kleine Erfolge planen**
Gruppe 4: **Ermutigen heißt: dem Kind etwas zumuten**
Gruppe 5: **Ermutigen heißt: das Kind Fehler machen lassen**

Gruppe 1: Ermutigen heißt: das Kind annehmen
Das Kind anzunehmen, wie es ist, bedeutet, es zu schätzen mit seinen Stärken, Gaben, seiner Statur, seinem Aussehen und seinen Eigenarten, Fehlern, Schwächen und Mängeln. Das heißt: So wie du bist, bist du gut genug und von uns anerkannt und geliebt. Wir müssen vermeiden, unserem Kind durch Blicke, Verhaltensweisen, Gesten oder Worte verstehen zu geben, dass es unseren Erwartungen nicht entspricht. Handelt das Kind nicht entsprechend unseren Vorstellungen, sollten wir trennen zwischen der Handlung und dem Handelnden. Eine schlechte Handlung kann selbstverständlich nicht für gut geheißen werden. Aber das Kind als der Handelnde bleibt immer akzeptiert.

Frage für das Gespräch
Wie kann es gelingen, diese Regel in den Alltag umzusetzen?

Gruppe 2: Ermutigen heißt: an das Kind glauben
Kinder tragen mehr Potenzial in sich, als wir oft glauben. Trauen wir ihnen wenig zu, kann sich ihr Selbstvertrauen nicht entwickeln. Vermitteln wir ihm hingegen, dass wir an das Kind und seine Fähigkeiten glauben (im altersgemäßen Rahmen), kommt das Gefühl auf, etwas zu können, es entsteht Optimismus. Der Optimist lässt sich nicht so schnell entmutigen, sondern wagt sich immer wieder neu an ungelöste Aufgaben heran. Wichtig ist, dass Eltern dabei vermitteln, dass jeder Versuch Erfolgschancen birgt. Kommt es zum Misserfolg, sollen Eltern zeigen, dass das Kind als Person trotzdem wertgeachtet ist und sein Wert nicht an Leistung und Können festgemacht wird.

Frage für das Gespräch
Wie kann es gelingen, diese Regel in den Alltag umzusetzen?

Gruppe 3: Ermutigen heißt: kleine Erfolge planen

Oft erwarten wir zu schnell zu viel von unseren Kindern. So schlägt eine überhöhte Erwartung in tiefe Enttäuschung um. Viele Eltern gestehen sich diese hohen Erwartungen oft gar nicht ein. Kleine, bescheidene Erfolge werden kaum wahrgenommen. Doch für entmutigte Kinder ist es wichtig, dass sich ihre Eltern über kleine Fortschritte freuen und diese anerkennen. Viele kleine Schritte führen zum Ziel. Diese Minierfolge können zur Ermutigung eingeplant werden. Das kann an folgendem Beispiel deutlich werden: Soll ein kleines Kind lernen, die Knöpfe seiner Jacke selbst zu schließen, muss es Schritt für Schritt Selbstständigkeit erlangen. Anfangs wird die Mutter dem Kind die Jacke anziehen und zuknöpfen. Dann wird sie ihm erklären, wie es die Knöpfe schließt. Doch hier fängt der Ermutigungsprozess an: Es ist hilfreicher, dem Kind den letzten Knopf der Jacke als Übung zu überlassen als den ersten. Darf es den letzten zumachen, wird der Erfolg der geschlossenen Jacke als eigener verbucht, denn das Resultat ist sofort sichtbar. Fängt es dagegen mit dem ersten Knopf an und die Mutter schließt die restlichen, erlebt es den Vorgang nicht als das Ergebnis seines eigenen Tuns.

Frage für das Gespräch

Wie kann es gelingen, diese Regel in den Alltag umzusetzen?

Gruppe 4: Ermutigen heißt: dem Kind etwas zumuten

Eltern muten ihren Kindern oft wenig zu, räumen ihnen Hindernisse, Unangenehmes und Belastungen aus dem Weg. Sie erledigen zu viel für ihre Sprösslinge und halten sie somit unselbstständig. Doch ohne Belastungen können Kinder nicht belastbar werden. Schwierigkeiten sind Zumutungen. Das heißt, es wird etwas zugemutet. Kreativität, Mut und Kampfgeist werden herausgefordert. Nur was herausgefordert wird, wird auch gefördert. Es ist gut, wenn Eltern sich hier ein dickeres Fell zulegen und Zumutungen zulassen. Tun sie das nicht, werden Kinder schwach, hilflos und entmutigt.

Frage für das Gespräch

Wie kann es gelingen, diese Regel in den Alltag umzusetzen?

Gruppe 5: Ermutigen heißt: das Kind Fehler machen lassen

Aus Fehlern lernt man. Fehler machen gehört zum Lernen und ist leider oft die effektivste Weise zu entdecken, wie es nicht geht. Fehler sind keine Einbahnstraßen, sondern gleichen eher Umwegen, die uns zur besseren Ortskenntnis verhelfen. Das heißt nicht, dass Fehler angestrebt werden sollen. Sie müssen aber nicht als Katastrophe bewertet werden. Tun wir das, wird unser Kind zutiefst entmutigt und traut sich nichts mehr zu aus Angst, wieder Fehler zu machen. Wir sollten ihm eher vermitteln, dass es zwar nicht zum Erfolg oder Ziel geführt, dafür aber seinen Erfahrungsreichtum erweitert hat. Viele wichtige Entdeckungen sind das Produkt von Fehlern und Umwegen. Denken wir nur an die Entdeckung Amerikas, das zufällig vor Kolumbus auftauchte, obwohl er etwas ganz anderes im Sinn hatte. Auch die Entdeckung der Antibiotika erfolgte durch einen Zufall bzw. Fehler: Der britische Mikrobiologe Alexander Fleming hatte im Jahre 1928 eine Bakterienkultur verunreinigt, so dass auf ihr Schimmelpilze wuchsen. Fleming bemerkte, dass der Schimmelpilz Penicillium notatum Substanzen produzierte, die die Bakterien vernichteten. Fehler können also durchaus auch Positives beinhalten. Verhält sich ein Kind allerdings bewusst falsch, ist destruktiv und ungehorsam, muss zwischen der Tat und dem Täter unterschieden werden. Die Gefahr besteht, dass Eltern dem Kind bewusst oder unbewusst zu verstehen geben, dass sie es so, wie es sich verhält, nicht lieben können. Liebesentzug darf nie als Strafe benutzt werden. Dadurch setzen sie Tat und Täter gleich. Selbstverständlich müssen Eltern dem Kind klarmachen, dass sie seine Verhaltensweise nicht billigen können und es gegebenenfalls bestrafen. Aber bitte nicht durch Liebesentzug. Die Tat kann verurteilt und abgelehnt werden, aber niemals der Täter.

Frage für das Gespräch

Wie kann es gelingen, diese Regel in den Alltag umzusetzen?

6. Plenum

Die einzelnen Regeln werden von den Gruppen einander vorgestellt.

7. Impuls

Römer 15,5: *Gott aber, der uns immer wieder neuen Mut und Trost schenkt, helfe euch, einmütig zu sein, so wie es euch Jesus Christus gezeigt hat.*

Wie Pflanzen Wasser zum Gedeihen benötigen, brauchen Kinder Ermutigung. Dies ist etwas anderes als Lob. Es beinhaltet viel mehr und kann manchmal ganz schön mühsam sein. Ermutigen bedeutet, jemandem Mut zuzusprechen, ihm Hilfestellung zum Mutigsein zu geben.

Resignierte Eltern können für ihre Kinder nur schwer Ermutiger sein. Sie benötigen dringend selbst Zuspruch. Diese Ermutigung können Eltern durch Gott erfahren. Er will für die elterlichen Aufgaben immer wieder neuen Mut schenken und bei Misserfolg trösten. In Gottes Wort erfahren wir, dass er jeden Menschen bedingungslos annimmt (Römer 15,7). Diese Tatsache, dass Gott unser Kind mit allen Fehlern und Macken liebt, ist eine Hilfe, zum Kind mit seinen Eigenarten zu stehen. Von Gott können wir auch lernen, was es heißt, an jemanden zu glauben, ihn nicht aufzugeben, ihm immer wieder eine neue Chance zuzugestehen.

Als Petrus versagt hatte und Jesus dreimal verleugnete, wandte er sich nicht von ihm ab. Jesus gab Petrus eine neue Chance und eine Aufgabe, in der er sich bewähren konnte (Johannes 21,15-19). Wie gut, wenn Eltern ihren Kindern etwas zutrauen, obwohl vielleicht manches dagegen spricht. Jesus hat das auch getan und tut es bis heute.

Selbst wenn es zum Versagen kommt, wie bei Petrus, ist damit nicht alles aus. Fehler machen ist bei Gott erlaubt und ein Neuanfang jederzeit möglich. Gott ist ein wunderbarer Pädagoge. Er weiß, wie wichtig Ermutigung für uns ist. Eine Art, wie er Menschen der Bibel immer wieder ermutigte, war, dass er kleine Erfolge einplante.

Als Jesus zu Beginn seiner Wirkungszeit drei Jünger nach einer erfolglosen Nacht anwies, noch einmal mit dem Boot rauszufahren, versprach er ihnen, dadurch viele Fische zu fangen. Der Erfolg war von Jesus schon vorher geplant und er wusste, dass so Vertrauen gestärkt würde.

Doch Gott ermutigt seine Kinder nicht nur mit positiver Bestärkung, sondern auch, indem er Schwierigkeiten zulässt und uns manches zumutet. Aber niemals, um uns zu entmutigen und zu schwächen, sondern immer mit dem Ziel, herauszufordern und somit zu fördern. Es scheint fast, als ob Gott diese Ermutigungsstrategie bevorzugt.

Die Bibel ist voll von solchen Geschichten. Denken wir nur an Josef, der versklavt und unschuldig ins Gefängnis geworfen wurde. Mit den Jahren aber reifte er zu einem weisen, belastbaren Mann heran und rettete schließlich das ägyptische Volk und seine Familie vor dem Hungertod (1. Mose 37-50). Auch Mose, der sich total unfähig fühlte, mutete Gott noch im hohen Alter zu, sein Volk aus Ägypten herauszuführen (2. Mose 3,1 - 4,17). An Gottes Propheten können wir häufig erkennen, wie Menschen durch Zumutungen mutig wurden. Mit vielen anderen Personen der Bibel handelte Gott auch nach dem Motto „Ermutigung durch Zumutung“.

Gegen diese Art der Ermutigung lehnen wir uns gern innerlich auf und erkennen erst im Nachhinein, wie wirkungsvoll sie sein kann. Deshalb sollten wir uns nicht scheuen, diese göttliche Ermutigungsmethode auch bei unseren Kindern wohldosiert einzusetzen.

8. Kreativ: Ermutigungsschächtelchen

Es soll als Hilfe dienen, unser Kind ganz praktisch aufzubauen und zu ermutigen.

Auf das kleine Leporello werden Dinge geschrieben, die wir an unserem Kind mögen, worüber wir uns freuen und was es gut macht. Die Ermutigungsschachtel ist ein kleines Geschenk für das Kind.

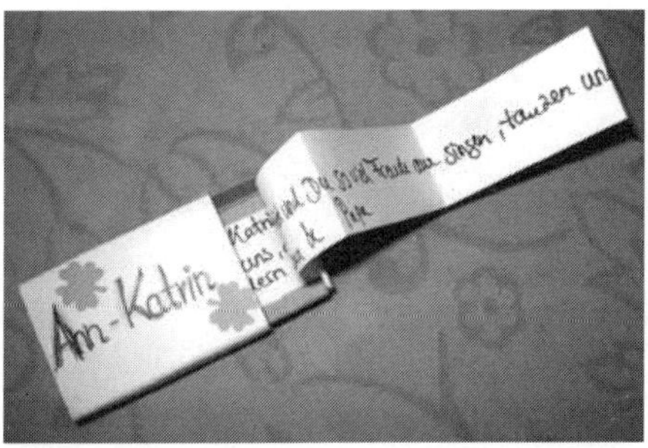

Material
- Streichholzschachteln
- buntes Papier
- Stifte
- Motivstanzer
- Kleber
- Scheren
- Leporellos (ca. 20-30 cm lange Streifen mit etwa 2-3 cm Breite)

Durchführung
1. Streichholzschachtel mit Papier bekleben.
2. Schachtel mit Name des Kindes und Stanzmotiven gestalten
3. Leporello falten: Streifen im Zickzack falten, damit es sich harmonikaartig auseinanderziehen lässt.
4. Leporello beschriften (eventuell auch beidseitig von Mutter und Vater)

9. Kindermutmachlied

Wenn einer sagt: „Ich mag dich ..."

24 | Was Kinder stark macht

Psalm 144,12
Wenn du uns rettest, können unsere Kinder ungestört aufwachsen. Unsere Söhne werden stark und groß sein wie Bäume. Unsere Töchter werden schön sein wie gemeißelte Statuen, die prächtige Paläste zieren.

Ablauf

1. Einführung (max. 5 Minuten)
2. Puppe (ca. 10-15 Minuten)
3. Kleingruppen (ca. 25-30 Minuten)
4. Plenum (ca. 15 Minuten)
5. Impuls (ca. 5 Minuten)
6. Kindermutmachlied (ca. 3 Minuten)

1. Einführung

Eltern wünschen sich starke, lebensbejahende Kinder, die nicht schnell zu entmutigen sind und das Leben mit all seinen Höhen und Tiefen meistern werden. Schauen wir uns jedoch in der Gesellschaft um, entdecken wir, dass die Wegwerf- und Spaßgesellschaft eher die Entwicklung anderer Eigenschaften begünstigt. Zivilcourage, gelingende Ehen, Verbindlichkeit sowie die Wertevermittlung in Familien nehmen in der Bevölkerung seit Jahren stetig ab. Im Gegenzug dazu nimmt der Werteverfall und Moralniedergang der Medien sowie die Gewaltbereitschaft und der Drogenkonsum der Jugend zu. Es gibt vieles, wogegen bzw. wofür wir unsere Kinder stark machen müssen. Denn Verführungen lauern sprichwörtlich an jeder Straßenkreuzung.
Was können Eltern dazu beitragen, dass sich ihre Kinder zu starken, gesunden Persönlichkeiten entwickeln? Dafür gibt es kein Patentrezept, denn die Reifung hängt von verschiedenen Faktoren ab, wie zum Beispiel auch genetische Veranlagung. Aber es gibt Richtlinien, die eine gesunde Persönlichkeitsbildung unterstützen.

2. Puppe

Material

- möglichst große Puppe, die selbstständig sitzen oder stehen kann
- Notizzettel und Stifte
- Tesakrepp

Die Puppe kann schon zu Beginn des Treffens als Dekoration in der Mitte des Raumes/Tisches sitzen/stehen.

Gegen was oder für was wollen wir unsere Kinder stark machen?
Die Teilnehmer erhalten die Notizzettel und Stifte und beschriften sie mit Antworten auf die gestellte Frage. Die beschrifteten Notizzettel werden mit Tesakrepp an die Puppe geklebt.

Anschließend sollte ein kurzes Gespräch folgen, in dem die Beiträge der Zettel aufgenommen werden.

3. Kleingruppen

In den Kleingruppen werden die wichtigsten Faktoren, die dazu beitragen unsere Kinder stark zu machen, anhand von Fragen und Infomaterial besprochen.

Gruppe 1: **Stark machen durch ein gesundes Selbstwertgefühl**
Gruppe 2: **Stark machen durch Sicherheit**
Gruppe 3: **Stark machen durch emotionale Geborgenheit**

Die Gruppen bekommen die Aufgabe, sich über den Aspekt auszutauschen und am Ende drei Stichpunkte, die ihnen im Gespräch wichtig werden, auf Notizzettel zu schreiben. Jeder Stichpunkt soll eine Möglichkeit beschreiben, Kinder stark zu machen (Beispiel für Gruppe 1: Ermutigung).

Gruppe 1: Stark machen durch ein gesundes Selbstwertgefühl

Gesundes Selbstwertgefühl aufbauen
„Wenn Kinder früh Erfolge erleben, wenn sie weder über- noch unterfordert werden, wenn sie Fehler machen dürfen und wenn sie so, wie sie sind, geliebt werden, bauen sie in ausreichendem Maße ein Selbstwertgefühl auf. Kinder müssen von ihren Eltern ermuntert werden, ihre kleinen alltäglichen Probleme selbst zu lösen. Nur wenn Kinder immer wieder Erfahrungen machen, dass ihnen etwas gelingt, wird sich ihr Selbstbewusstsein stärken.“ (Rita Kohnstamm)

Ein gesundes Selbstwertgefühl ist die Voraussetzung dafür, dass sich das Kind zur gesunden, stabilen Persönlichkeit entwickelt. Bildet sich im Laufe der

Kindheit ein positives Selbstbewusstsein, entsteht parallel dazu die Fähigkeit sich anzunehmen und wert zu achten. Der Gegenpol dazu sind Minderwertigkeitsgefühle. Unbewusste Glaubenssätze, die glauben machen wollen, ein Versager zu sein, nichts zu können und zu werden, produzieren einen zutiefst verunsicherten Menschen, der sich nichts zutraut. Zu oft ist er schon auf Ablehnung gestoßen, wurde von Kindheit an häufig kritisiert und hatte viele Misserfolge einzustecken.

Wie können Eltern zur Entwicklung eines gesunden Selbstwertgefühls beitragen?

Loben: Lob ist Balsam für die Seele. Mit Lob wird erwünschtes Verhalten verstärkt und das Kind gestärkt. Es fühlt sich wert geachtet und motiviert. Es sollte im Laufe eines Tages viel mehr gelobt als getadelt werden, allerdings nicht wegen jeder Lappalie, denn Kinder spüren, ob etwas auch des Lobes wert ist. Mit Tadel und Kritik muss sorgfältig umgegangen werden. Natürlich ist auch das hin und wieder nötig, Es ist wichtig, das unerwünschte Verhalten von der Person trennen. Das bedeutet, es darf nur die Sache, aber nicht der Mensch getadelt werden, z.B.: „Ich habe dich sehr lieb, aber dass du mich angelogen hast, kann ich nicht dulden."

Ermutigen:
Ermutigen heißt das Kind annehmen. Ermutigen heißt an das Kind glauben. Ermutigen heißt kleine Erfolge planen. Ermutigen heißt dem Kind etwas zumuten. Ermutigen heiß das Kind Fehler machen lassen.

Vorbild sein: Eltern, die von Selbstzweifel geplagt sind, die andere beneiden, sich häufig in der Opferrolle sehen und sich schwertun das Leben anzupacken, können dem Kind kein Vorbild für Selbstannahme sein. Wenn Eltern hier ein Defizit verspüren, müssen sie lernen an sich selbst zu glauben, nicht weil sie so klasse sind und die Fähigkeit besitzen, alles richtig zu machen, sondern weil Gott durch seine Annahme aus dem empfundenen Minus (-) ein Pluszeichen(+), indem er es durchstreicht, machen möchte.

Fragen für das Gespräch
Wie können Eltern ihren Kindern helfen, eine gesunde Selbstachtung aufzubauen?
Wie können Eltern helfen, dass Kinder „an sich selbst glauben" können?
Was ist Ermutigung und wie funktioniert sie?
Wie gelingt es, Stärken des Kindes zu fördern und Schwächen nicht hervorzuheben?

Gruppe 2: Stark machen durch Sicherheit

Sicherheit ohne Grenzen ist nicht möglich. Ein unbegrenzter Raum, grenzenlose Freiheit und Möglichkeiten verursachen Unsicherheit und Angst. Kinder brauchen Begrenzungen, die ihnen Orientierung geben, sozusagen Leitplanken, an denen sie entlanggehen können. Wachsen Kinder mit zu wenig elterlicher Führung auf, verunsichert sie das sehr. Sie brauchen klare Regeln, die ihnen verständlich erklärt und dem Alter entsprechend immer wieder angepasst werden müssen. Eltern sollten zudem auf deren Einhaltung achten, denn Inkonsequenz verunsichert ihren Nachwuchs und gibt wenig Halt.
Verunsicherte Kinder sind orientierungslos und eher ziellos in ihrer Lebensführung. Durch fehlende Sicherheit tun sie sich schwer Verantwortung zu übernehmen, was sich wiederum negativ auf die Entwicklung eines gesunden Selbstwertgefühls auswirkt.
Wie kann nun eine Erziehung, die Sicherheit und Orientierung gibt, aussehen? In der Pädagogik wird in mehrere Erziehungsstile unterschieden:

Art von elterlicher Autorität	**Auswirkungen auf die Kinder**
Autoritativ: streng, aber warm, nicht verachtend, erklären und anpassen von Regeln	Hohes Selbstvertrauen und Selbstkontrolle, unternehmungsfreudig, zufrieden
Autoritär: streng, kontrollierend, zurückhaltend, überbehütend, absoluter Gehorsam	Weniger Selbstvertrauen, unzufrieden, zurückgezogen, misstrauisch, leistungsorientiert
Permissiv: keine Kontrolle, keine Forderungen, keine festen Regeln und Rollen	Am wenigsten Selbstvertrauen, ziemlich abhängig, ziellos, wenig Verantwortung

In umfangreichen Langzeitstudien wurden diese Methoden und deren Auswirkungen auf Kinder untersucht, dabei Folgendes festgestellt: *Der autoritative Stil wirkt sich am positivsten auf die Persönlichkeitsentwicklung des Kindes aus.*
Die Familienatmosphäre ist geprägt von Liebe, Verbundenheit und Annahme. Auf diese zuverlässige Bindung zum Kind wird eine sichere Führung durch die Eltern aufgebaut. Dem Kind werden Normen, Werte und Grenzen als Richtschnur vorgegeben. Die Eltern fordern damit ihre Kinder heraus, geben aber auch die nötige Unterstützung, Ziele zu erreichen. Wann immer möglich wer-

den positive Verhaltensweisen bestärkt. Andererseits gehört auch dazu, dass Eltern in der Lage sind auf Forderungen zu beharren oder wenn nötig dem Wunsch eines Kindes entgegenzutreten. Das wird natürlich immer wieder Widerstand und Konfrontation auslösen. Doch im Gegensatz zum autoritären Erziehungsstil setzen die Eltern ihre Vorstellung nicht mit Zwang durch, sondern hören die Argumentation des Kindes an. Ziel ist eine gemeinsam erarbeitete Lösung zu finden, die den Ansprüchen und Werten der Eltern gerecht wird, die Einwände des Kindes aber trotzdem ernst nimmt. Dieses Vorgehen ist für Eltern zwar anstrengend, fördert aber die Selbstsicherheit und Kommunikationsfähigkeit des Kindes.

Fragen für das Gespräch
Warum ist es wichtig, dass Eltern Sicherheit vermitteln?
Mit welchem Erziehungsstil kann das am besten erreicht werden?
Ahand von konkreten Alltagsbeispielen versuchen wir den autoritativen Erziehungsstil praktisch werden zu lassen.

Gruppe 3: Stark machen durch emotionale Geborgenheit
Geborgenheit ist mehr als das Gefühl der Sicherheit. Sicherheit ist ein Teilaspekt der Geborgenheit und bezieht sich auf den stützenden Rahmen, der das Zusammenleben regelt, Chaos verhindert und Zuverlässigkeit vermittelt. Geborgenheit ist ein ganzheitliches Fühlen, das zum Wissen wird. Es beinhaltet weit mehr als die bloße Sicherheit. Es bedeutet bedingungslose Liebe, Wärme, Urvertrauen, Schutz, Zuflucht, sich fallen lassen und ausliefern können mit allen Schwächen und Fehlern. Jedes Kind sehnt sich nach bedingungsloser „Es-komme-was-da-wolle-Liebe". Wenn es sich geliebt und geborgen weiß, wird es sich positiv entwickeln.

Wie kann emotionale Geborgenheit vermittelt werden?
- durch den Aufbau einer innigen Bindung, die von Zuneigung geprägt ist, zwischen der Bezugsperson (meistens Mutter) und dem Kind
- durch Verlässlichkeit und Stetigkeit
- durch Einfühlsamkeit, die Achtung und Schutz vermittelt
- durch das Setzen von Grenzen, Aufstellen von Regeln und Vermitteln von Werten
- durch einen gesunden Umgang mit Gefühlen (Gefühle nicht unter den Teppich kehren, sondern zugestehen, benennen und geeignete Wege finden sie auszudrücken)
- durch ein gutes Vorbild der Eltern

Überaus wichtig ist dazu auch ein stabiles Zuhause. Kriselt die Ehe, kann Geborgenheit nur schwer oder gar nicht vermittelt werden. Kinder werden stark verunsichert, wenn sie Angst vor einer Trennung der Eltern haben. Diese Sorge bedroht die Urgeborgenheit, sozusagen den „Familienschoß“, in dem sie entstanden sind. Ist eine Trennung der Ehepartner unumgänglich, muss auf eine gute Beziehung zu beiden Elternteilen geachtet werden. Das bedeutet auch: den anderen nicht in ein negatives Licht stellen, das würde innere Zerrissenheit beim Kind provozieren.

Fragen für das Gespräch
Was ist der Unterschied zwischen Sicherheit und Geborgenheit?
Welche Faktoren sind für die Entwicklung emotionaler Geborgenheit wichtig?
Wie kann das konkret im Familienalltag aussehen? (z.B. Geborgenheit vermitteln durch Verlässlichkeit)
Wo liegen die Schwierigkeiten?

---

4. Plenum

Im Plenum werden die Inhalte der einzelnen Bereiche erklärt und das zusammengetragen, was im Gespräch erarbeitet wurde. Das ermöglicht allen Gruppen, einen Überblick zu bekommen.
Die Aufzeichnungen (siehe Gruppenaufgabe) werden, während die Gruppen ihre Themen vorstellen, als visuelle Hilfen an die Puppe geklebt, sodass die Notizen der Einstimmungsrunde bald nicht mehr zu sehen sind (je Gruppe ca. 5 Minuten).

5. Impuls

Psalm 144,12: *Wenn du uns rettest, können unsere Kinder ungestört aufwachsen. Unsere Söhne werden stark und groß sein wie Bäume. Unsere Töchter werden schön sein wie gemeißelte Statuen, die prächtige Paläste zieren.*

Ein schöner Wunsch, der hier im Psalm geäußert wird. Er spricht von Söhnen, die gut gewachsen sind, die trotz ihrer Jugend einen erfrischenden Schatten spenden, so dass Menschen in der Hitze des Alltags ihre Nähe suchen. Und von Töchtern, die wie Ecksäulen tragen und dadurch anderen eine Stütze werden. Dazu sind sie geschnitzt nach der Bauart eines Palastes. Wie ist ein Palast gefertigt? Er besitzt Schönheit und beherbergt Wertvolles. Was müssen das für erfreuliche Töchter sein?! Sie sind nicht nur verlässlich, sondern voll innerer Schönheit und kostbarem Wert. Handelt es sich bei dieser Beschreibung um einen unrealistischen Wunschtraum? Sicher, wir haben es nicht in der Hand, wie sich unsere Kinder entwickeln. Doch wir können mit unserer „Aufzucht“ einiges zum guten „Gedeihen“ beitragen.

An dem biblischen Bild der „Söhne großgezogen wie Pflanzen“ lassen sich Parallelen zwischen Gartenbau und Kindererziehung feststellen: Pflanzt ein Gärtner Tomatenstöckchen, so bedarf das Ziehen einiger Sorgfalt und Mühe. Wie Kinder benötigen Tomaten ebenenso eine haltgebende und richtungsweisende Leitschnur (Stange). Dazu brauchen sie nährstoffreichen Boden und natürlich Wasser. Die Pflanze muss jedoch vorsichtig von unten bewässert werden, ansonsten befällt das Stöckchen die gefürchtete Fäulnis. Um die Frucht vor Wolkenbrüchen und Hagelschlag zu schützen, ist ein Unterstand von großem Vorteil. Wächst die Pflanze in die Höhe und bildet neue Ästchen, entsteht naturgemäß an jedem Schössling ein zusätzlicher Wildtrieb. Dieser muss jedoch so schnell wie möglich ausgebrochen werden. Lässt ihn der unwissende Hobbygärtner wachsen, geht die Kraft der Pflanze in jenen unwillkommenen Seitenast und verhindert damit das reichhaltige Ansetzen guter Früchte. Beachtet der Gartenfreund diese Gärtnerweisheiten, hat er viel Freude an seinem Zögling und erreicht eine reiche Ernte. Auch Kinder benötigen nährstoffreiche Erde. Im Mutterboden der bedingungslosen Liebe können sie bestens gedeihen und gesunde Wurzeln entwickeln. Dazu brauchen sie Wasser der Ermutigung, das wohl dosiert und platziert erfrischend und belebend wirkt. Strafpredigten und Kopfwäschen, die über die Kinder hereinbrechen, bringen nicht den gewünschten Erfolg. Sie verhärten das Erdreich, das dann wieder mühsam aufgelockert werden muss. Eltern sollten wie ein schützendes Dach für eine gute Familienatmosphäre sorgen, die Geborgenheit und Sicherheit vermittelt. Das Phänomen Wildtriebe ist Eltern und Hobbygärtnern gleichermaßen bekannt: Auf eine gute Entwicklung folgt meist kurze Zeit später ein Wildtrieb, der sich als schlechte Angewohnheiten oder ungute Charaktereigenschaften äußert. Hier bedarf es wie beim Gartenbau der Korrektur nach dem Motto „Wehret den Anfängen“. Beachten Erzieher die Anweisung nicht, kostet es viel Kraft, diesen unwillkommenen, schädigenden Trieb zu entfernen. Berücksichtigen Eltern diese „Gärtnertipps“, stehen die Chancen gut, dass ihr „Pflänzchen“ viele erfreuliche Früchte tragen wird - als Sohn und Tochter nach oben beschriebener Art.

6. Kindermutmachlied

Wenn einer sagt: „Ich mag dich ...“

25| Was prägt unsere Kinder?

1. Mose 1,27
Und Gott schuf den Menschen zu seinem Bilde, zum Bilde Gottes schuf er ihn, und schuf sie als Mann und Frau.

Ablauf
1. Einführung (max. 5 Minuten)
2. Goldpapier prägen (ca. 10 Minuten)
3. Kurzgeschichte (ca. 5 Minuten)
4. Kleingruppen (ca. 30 Minuten)
5. Plenum (ca. 15 Minuten)
6. Impuls (ca. 5 Minuten)
7. Elterngebet (1-2 Minuten)

1. Einführung
Kinder kommen wie ungeprägte Münzen zur Welt. Das Material ist zwar genetisch festgelegt (Größe, Rohstoff, Masse, Farbe ...), doch eine Prägung hat noch nicht stattgefunden. Die ersten Jahre des Menschen fungieren als Prägewerkstatt des Lebens. Der junge Erdenbürger ist noch leicht zu formen, man spricht von der sensiblen Phase. Bestimmte Einflüsse wie die Umgebung, Lebensstandards, Werte und Normen in der Erziehung, Geschwister und vieles mehr wirken sich in dieser Lebensphase nachhaltig auf die Entwicklung, Charakterbildung und erlernte Verhaltensmuster aus. Das „Material" der Persönlichkeit ist noch weich. Alles hinterlässt Spuren - unsere Kinder werden geprägt. Nehmen wir dieses Vorrecht nicht wahr, ergreifen andere die Gelegenheit. Ob diese Prägung dann unseren Vorstellungen entspricht, darf in Frage gestellt werden. Kinder brauchen Eltern, die ihnen Vorbild sind, trotz aller Fehler und Schwächen: Eltern, die sich Zeit für ihren Nachwuchs nehmen und ihnen Wertschätzung und Liebe zeigen, die in ihrem Christsein echt sind und zu ihren Worten stehen. Diese Kombination führt zu einer tiefen, guten Prägung, die im Laufe des Lebens nicht so leicht „abgegriffen" wird.

2. Goldpapier prägen
Um Prägung mit allen Sinnen erfahrbar zu machen, wird an jeden Teilnehmer ein Stück Goldpapier ausgeteilt. Mit einem Kuli soll ein hübsches Muster eingeprägt werden. Es ist sinnvoll, eine weiche Unterlage auszuteilen (z.B. Watte oder Abschminkpad).

3. Kurzgeschichte

Wenn Eltern keine Zeit für ihre Kinder haben, bewerben sich andere um die Erziehung und Unterhaltung: *„Ich garantiere Ihnen, dass Ihre Kinder alles von mir lernen, was ich ihnen beibringe. Ich zeige ihnen, wie man Alkohol trinkt, raucht und Drogen nimmt, wie man lügt und betrügt, Gewalt und Grausamkeit verübt, quält und tötet, vergewaltigt und Ehebruch begeht. Ich halte Ihre Kinder am Samstagabend wach, damit sie sonntags nicht zur Kirche gehen. Ich bewerbe mich um Ihr Kind. Sie kennen mich gut. Ihr Fernsehen!“*

Es findet ein kurzer Austausch zu folgender Frage statt:
Wie läuft Prägung ab?

4. Kleingruppen

In den Kleingruppen wird nach einer Anfangsfrage, die sich allgemein mit Prägung beschäftigt, über drei Bereiche der Mitbeeinflussung gesprochen. Ziel ist es, miteinander ins Gespräch zu kommen und sich eventuell auch gegenseitig Tipps und Hilfen mit auf den Weg zu geben.
Die Teilnehmer bilden drei Gruppen. Jede Gruppe beschäftigt sich mit einem Lebensbereich, der prägend auf Kinder wirken kann. Jede Gruppe erhält Fragen für das Gespräch.

1. Gruppe: **Kindergarten/Schule**
2. Gruppe: **Freunde**
3. Gruppe: **Medien**

Gruppe 1: Kindergarten/ Schule

Einstiegsfrage
In welchen Bereichen prägen wir unsere Kinder bewusst oder unbewusst?

Fragen zum „Mitpräger“ Kindergarten/Schule
Welche Prägung bekommen unsere Kinder durch den Kindergarten / die Schule?
Wie gehen wir damit um?
Wo wird es problematisch?

Gruppe 2: Freunde

Einstiegsfrage
In welchen Bereichen prägen wir unsere Kinder bewusst oder unbewusst?

Frage zum „Mitpräger" Freunde
Welche Prägung bekommen unsere Kinder durch Freunde?
Wie gehen wir damit um?
Wo wird es problematisch?

Gruppe 3: Medien

Einstiegsfrage
In welchen Bereichen prägen wir unsere Kinder bewusst oder unbewusst?

Fragen zum „Mitpräger" Medien
Welche Prägung bekommen unsere Kinder durch die Medien?
Wie gehen wir damit um?
Wo wird es problematisch?

---

5. Plenum

Im Plenum kann jede Gruppe von ihrem Thema berichten und einen kurzen Überblick über das Gespräch geben. (Jede Gruppe max. 5 Minuten.)

6. Impuls

Prägung kann positiv und negativ sein. Selbst wenn wir unser Bestes geben, läuft nicht alles gut. Manches würden wir gern rückgängig machen, doch das prägende Erlebnis hat schon ganze Arbeit geleistet. Wie gut zu wissen, dass Gott, der Prägemeister, Fehlprägungen in seiner Werkstatt auch wieder ausradieren kann. Er macht Korrektur und sogar Neuanfang möglich. Menschen sind Gott überaus kostbar. Bevor die „Münze" in Umlauf gebracht wird, also noch vor der Geburt, hat das Kind von Gott die Prägung WERTVOLL erhalten. Dieses Prädikat bestimmt seinen Wert: WERTVOLL, weil es als Mensch ein Ebenbild Gottes ist. Er hat es als sein Gegenüber erschaffen und möchte Gemeinschaft mit ihm haben.

Und Gott schuf den Menschen zu seinem Bilde, zum Bilde Gottes schuf er ihn, und schuf sie als Mann und Frau (1. Mose 1,27). Welch schöne Aufgabe, diese blanke Münze mitprägen zu dürfen. Wie unersetzlich diese elterliche Aufgabe ist, verdeutlicht folgende Anekdote:
Vater und Mutter sind beide berufstätig und haben wenig Zeit. Ihre kleine Tochter hat Geburtstag und eilig kommen die Eltern in ein Spielwarengeschäft und erklären der Verkäuferin: „Wir sind den ganzen Tag beruflich von zu Hause fort. Wir brauchen für unsere Tochter ein Geschenk, das sie sehr erfreut, lange beschäftigt, gut anregt und ihr das Gefühl von Geborgenheit schenkt." „ Tut mir leid", sagt die Verkäuferin freundlich, „Eltern führen wir nicht!"
Wir sollten den Kindern, die uns Gott gleichsam als blanke wertvolle Münze anvertraut hat, das Beste geben: Zeit statt Zeitvertreib, Güte statt Güter, Liebe statt Leistung und Hände statt Geräte. Wer liebt, hat auch Zeit!

7. Elterngebet

Lieber Herr, wie prägen wir unsere Kinder?
Wir möchten ihnen gerne täglich das Prädikat WERTVOLL verleihen
und merken, dass wir sie ständig kritisieren.
Durch die ewige Kritik machen wir sie zu Kritikern
und pressen ihnen einen anderen Stempel auf.
Damit sagen wir: so wie du bist, ist es Mist.

Herr, du weißt, dass wir das nicht möchten,
aber die Ungeduld ist uns im Wege.
Du hast uns die Kinder anvertraut,
hast ihnen Gaben und Schwächen gegeben.
Hilf uns, ihre Gaben zu fördern und groß zu machen.
Hilf uns, ihre Schwächen zu schwächen und klein zu machen.

Herr, du weißt, was wir aus ihnen machen wollen:
wertvolle Erwachsene, die ihren Wert kennen
und Profil haben - geprägt, von dir und deiner Liebe.
Hilf uns ihre Kindheit zu einer guten Prägewerkstatt werden zu lassen.
Danke, dass wir uns hier nicht selbst überlassen sind,
denn du bist der Prägemeister und wir nur das Werkzeug in deiner Hand.
Fehlprägungen kannst du wegfeilen und heil machen.
Wir bitten dich, hilf uns sorgsam der noch weichen Seele ein Gepräge zu geben.
Amen.